乾偉藏書

民國八十一年元月書

台灣先民看台灣

讓傳統文化立足世界舞台

——《協和台灣叢刊》發行人序

林勤仲

這是一種相當難得且奇特的經驗，四十歲之前，許多人常會問我的，總是一些生理與醫療方面的問題；四十歲之後，我最常思考的卻是文化方面的問題。

如此南轅北轍的改變，最主要的原因，應該是來自我的經驗法則：跟每一位成長在戰後的一代相仿，自童年長至青年，無論是家庭、學校或者是整個社會給我的壓力，只是讀書、考試，考試、讀書；而我一直也沒讓人失望，唸完醫學院後，順利負笈英國，接着又在日本拿到博士學位，先後在美國及台灣擔任過許多人欽羨的婦產科醫生，也正因此，讓我有太多機會在世界各地認識不同的友人。然而，這樣的機會卻總讓我感到自卑，這自卑並非來自專業知識，而是每每交換及不同的文化經驗時，少數識得台灣的友人，也僅知道這個海島擁有七百億的外滙存底而已。

這個殘酷的事實，逼着我不得不慎重的思考：什麼樣的文化，才足以代表台灣？

●

一九八三年間，我結束了在美的醫療工作，

回台全力投注於協和婦女醫院的經管，由於業務的需要，常有機會到日本去，有一次在橫濱的一家古董店裡，發現了十幾尊傳統布袋戲偶，讓我突然勾起兒時在台南勝利戲院，坐在長排椅的椅背上看內台布袋戲的情景；不久後，在大阪天理大學附設的博物館，看到那尊清乾隆年間的戲神田都元帥以及古色古香的「六角棚」戲台，還有那些皮影、傀儡、木彫、銀器、刺繡與原住民族的工藝品，讓我產生極大的感動，忍不住當場流下眼淚。

我的感動來自於那些代表先民智慧與工藝水平的器物之美；忍不住掉下的眼淚，則是因爲這些製作精巧，具有歷史意義又代表傳統文化精華的東西，在這外邦受到最愼重的收藏與保護，但在當時的台灣，除了某些唯利是圖的古董商外，根本乏人理會！

除了感動，同時也讓我感受到日本文化侵略的危機，這種危機感也許可溯自大學三年級的暑假，我參加基督教醫療協會，到信義、仁愛、望洋等山地部落，從事公共衛生的醫療服務時，便深刻體會到日治時期對台灣山地的積極教育，讓日本文化、語言以及民族性都紮下不錯的根基，其深厚的程度甚至令人驚駭，只是當時的情況，個人並無力改變什麼。及至一九八〇年前後，我結束學業，回到台灣後，第一件事便是找到彰化教育學院的郭惠二教授，試圖回到山地，經管一個模範村的計劃，結果模範村計劃因故流產，而那次再回山地，讓我不敢置信的是，由於電視進入山區，使得原住民族的文化幾近完全流失，少數保存下來的，卻是日治時期的文化遺產。

這是多麼可怕的文化侵略啊！難道連日本人走了，都還能予取予求地用區區的金錢，換取我們最珍貴的傳統文化？

如此揉合着感動、迷惑又驚駭的心情，讓我在東京坐立難安，隔天，便毫不考慮地到橫濱那家古董店買回店中所有的布袋戲偶，同時又透過種種關係，買回「哈哈笑」劇團最早那個被台灣古董商騙賣到日本的戲棚。

那絕不只是一時的衝動而已，我很清楚地告訴自己，只要在我的能力範圍之內，將盡可能地尋回這些流落在外的文化財產；這些年來，雖沒有明確的收藏計劃，但只要是有價值的東西，我都不肯放棄，至今，也才稍可談得上規模。

●

嚴格說來，我是個典型受西式教育的人，加上長年在國外的關係，讓我對藝術或者文化，都懷有較深且闊的世界觀。

最早我在英國唸書的時候，便跑遍了歐洲重要的美術館，後來每次出國，只要有機會，決不會錯過任何一個可觀賞的現代藝術館。

除了參觀與欣賞，我也嚐試着收藏一些美術的東西，收藏的目的，除因個人的喜好，當然也因爲美好的藝術品也是不分國界的！

也許有人會認爲，在這傳統與現代之間，必然有無法調和的衝突之處，我又如何面對呢？其實，我從不認爲這兩者之間會有相互矛盾或衝突之處，任何一種藝術品都有其共通之美，而其中蘊含的不同文化特色，正足代表那個民族的特殊之處，傳統的彩繪與現代美術作品，正是兩類截然不同的作品，正因其不同，我們才能在彩繪中，體認先民的精神與生活狀態，它的價值，除了美之外，更在於它所蘊含的特殊文化表徵。

當然，時代的快速進步之下，傳統的美術、工藝與文化，面臨了難以持續的大難題，導致這個問題的因素頗多，例如政府政策的不當教育的偏頗以及社會的畸型發展，讓戰後的台灣人擁有最好的知識教育，卻完全缺乏生活教育，終造成今天這個以金錢論成敗，從不考慮精神生活的社會型態。

過去，也有許多的專家學者，對這個病態的社會提出不少頗有見地的意見，但我一直認爲，任何一個正常的社會，必要擁有正常的文化。台灣光復以來，政府當局全力追求經濟建設的成長，卻不顧文化水平一直在原地踏步，直到近幾年，有關單位似乎也較積極地從事文化建設，只是，當中共的廣東省政府，花了兩億美元整修一座五落大厝，成爲一座古色古香的廣東地方博物館時，台灣的左營舊城門才剛剛被毀，半毀的麻豆林家也被拆遷，這樣的文化建設又怎能談得上什麼成績呢？

在這種種難題與僵局之下，要重振傳統文化，重新獲得現代人的肯定，甚至立足在世界的舞台上，就不能光靠政府的政策與態度，而是我們每個人都有責任付出關心與努力，用現代化的方法與現代人的觀點，提昇傳統文化的品質，再締造本土文化的光輝。

●

從開始收藏第一尊布袋戲偶起，彷彿便註定我將走上這條寂寞卻不會後悔的文化之路。

過去那麼多年前，只是默默地收藏一些珍貴的文化財產，我當然知道，光如此是不夠的，但直到今天，時機稍稍成熟，才敢進行下一步的計劃。

這個計劃，大概可分爲三個部份，一是成立出版社，二爲創立協和藝術文化基金會，三則創設傳統戲曲文物館。

臺原出版社成立的目的有二；一是專業台灣風土叢刊的出版，這是一套持續性的計劃，計劃每年分三季出書，每季同時出版五種台灣風土文化的叢書，類別包括：民俗、戲曲、音樂、歷史、工藝、文物、雜俎、原住民族等大類，每本書都將採最精美的設計與印刷，用最通俗的筆法，喚醒正在迷茫與游離中的朋友，讓更多的朋友重新認識本土文化的可貴與迷人之處。我深信，只要持之以恆，所有努力的成績不僅將獲得關愛本土人士的肯定，更將贏得國際間的重視；二爲出版基金會的專刊，協和藝術文化基金會成立之後，將有計劃地整理台灣的傳統藝術之美，諸如戲曲之美、偶戲造型以至於建築、彩繪之美……等等。

至於基金會與博物館的創立，則是我最大的目標，這兩個計劃其實是一體的，博物館只是基金會的附屬單位，主要的功用在於展示基金會所收藏的文物與美術品；至於基金會本身，除了推廣與發展本土文化，定期舉辦各種研習營與表演、演講，更將策劃舉辦各種世界性的文物交流展，目的除了讓國人有機會打開更廣闊的視野外，更重要的是讓本土文化立足在世界的舞台上。

讓本土文化立足在世界的舞台上，不僅是協和藝術文化基金會與出版社努力的目標，更是每個關愛本土文化人士最大的期望，不是嗎？畢竟唯有如此，才能重拾我們失落已久的自尊！

（本文獲選入《一九八九年海峽散文選》）

關懷台灣的每一寸土地

——《台灣先民看台灣》作者自序

作者從事中國科學史研究已有十餘年，一直覺得「科學本土化」是使科學生根的一條最有效途徑。因此台灣早期科學史對從事科學史研究者而言，也是一個很重要的研究方向。

三年前，吳錦發先生負責《民衆日報》鄉土文化版編輯工作時，十分了解台灣鄉土和台灣史的重要性，因此曾多次發表劉還月先生有關台灣鄉土和台灣史方面的文章，作者亦曾一一拜讀，覺得十分有意義。於是便開始研究台灣早期的文獻，並一一加以整理分析，先後撰寫不少有關台灣近代氣象、氣候、地質、礦物、地形變遷、生物地理等方面的文章，其中已有大約二十篇在《民衆日報》鄉土文化版發表，兩篇在《科學史通訊》上發表，其他在《台灣新生報》及《自立晚報》發表。今蒙臺原出版社總編輯劉還月先生垂青，擬列入《協和台灣叢刊》加以出版，乃將已發表之各文加以修正補充，使內容更加充實。同時，另外還增撰有關地震紀錄、原住民天文氣象知識、動物和植物生態之變遷等方面之文章，使本書更具全面性。

台灣位居西太平洋之西部以及亞洲大陸之東

緣，在緯度上又位居熱帶和副熱帶地帶，冬半年盛行東北季風，夏半年盛行東南季風和西南季風，因此台灣之氣象和氣候十分複雜多變。在地質上，台灣因爲位於歐亞板塊和菲律賓板塊接觸處，因此地殼變動十分激烈，地質時代之火山活動亦不少，因此礦產種類亦十分多。明末清初以後，台灣先民自閩粵移民來台開拓墾殖，就已經充份認識到台灣特殊的氣象、氣候，以及各種地質現象和礦產，並加以利用了，因此在台灣早期的文獻中，有不少這一方面的資料，十分值得吾人加以整理研究。作者不惴學識淺陋，大膽嘗試這一方面的工作，希望能收到抛磚引玉的效果。

本書的主要內容爲台灣先民對台灣氣象和氣候之認識，台灣近代之氣象諺語，台灣原住民的天文氣象知識，台灣先民對石油天然氣露頭、地熱溫泉的認識，對硫磺、煤礦、金礦、岩石和各種礦產之認識和開採，南部和北部特產源流考，原住民的淘金史，台灣近代的地震紀錄，台灣近代的動物生態環境，台灣近代的植物生態環境，台灣先民對地形變遷之認識，台灣近代地圖之變遷等，大部分屬於地學方面之範圍。此外，並另撰〈台灣臨危動物淪亡錄〉一文，希望喚起全國同胞對環境保護的重視，一起來拯救臨危動物，以免遭遇絕種的命運。

本書有兩個特點：一是敘述事實皆引用原始文獻，以求眞實。二是附有圖片多幅，俾增讀者瞭解。

最後作者借本書一角，向《民衆日報》主筆吳錦發先生以及臺原出版社總編輯劉還月先生、編輯吳瑞琴小姐等致最大之謝意。由於他（她）們的幫助，才能使拙文及拙書得以順利發表及出版。

——一九九一年六月二十日於寒舍研究室。

台灣先民看台灣

劉昭民／著

1／天文氣象篇

看天卜算度生活

——台灣原住民的天文氣象知識

台灣原住民的種族很多，包括賽夏族、泰雅族、邵族、布農族、曹族、排灣族、阿美族、雅美族等。賽夏族分佈在新竹縣和苗栗縣山中，泰雅族分佈在花蓮縣北部、宜蘭縣山地、桃園縣南部以迄南投縣北部之山地，邵族分佈在日月潭一帶，布農族分佈在中央山脈中部，曹族分佈在阿里山和玉山之間，排灣族分佈在台東縣和屏東縣山地，阿美族分佈在花蓮和台東之間，雅美族分佈在蘭嶼。

雖然這些原住民並沒有文字留傳下來，但是在悠久的歲月中，他們也累積有原始的天文氣象知識，茲分別就他們古代流傳下來的曆法、季節、氣象等知識，敍述如下。

一／原住民的曆法知識

原住民從前的曆法時間觀念非常原始，他們完全以自然界現象的變遷，如日出和月落等，來決定時間，利用植物的生長和成熟來區別季節。原住民僅知道利用太陽和月亮的出沒，以分晝夜；利用日月位置的移動，以區別天明、日出、朝夕、午前、正午、午後、黃昏、夜半等。原住民稱雞爲「撤夫普萊戶」(Sunupunrefu)

，意思是指自然界的計時者，所以凌晨破曉時分可聞雞鳴。一般雞鳴可分爲「頭遍」、「二遍」、「三遍」，所以原住民利用雞鳴以定時辰。

在泰雅族中，他們遇陰天不見太陽時，就依「啓可夫」(Chyakkofu)鳥的鳴聲來定時間，亦以「頭次」、「二次」、「三次」，而至日暮等區別之。曹族人則以「皮火」(Beho)小鳥的鳴聲，決定陰天的時間。因爲這種小鳥每天上午九時、中午、下午三時及日落時都會鳴叫一次。

原住民的計日以夜爲標準，故稱一日爲一夜。他們雖知計月，自一至十月均有一定的名稱，但是最後的兩個月，就模糊不清了。賽夏族稱一年爲「切那魯麻」(Chiraruuma)，雖然知道一年一年的累積，但是多了就數不清了。布農族以「波莎魯頻吐卡」(Busorubintokan)星的位置，決定年份，即在十二月裡新月出來時，就舉行他們的播種祭，該星亦剛好在蘭倫(Ranrum)社和「卡哆古冷」(Katogurun)社前方的山上出現，以此時爲一年的段落。而布農族的丹(Tan)社則分一年爲十三個月：始墾月、始播粟月、播粟月、始除草月、除草月、打耳月、送蟲月、始割粟月、命名月、新開墾月、馘首祭月、越年月等。

曹族以粟的收穫來決定年份，他們稱年爲「吐莎哈」(Tosaha)，亦有以粟的收穫，舉行「米土古蘇」(Myatogusu)祭時爲一年之始，但他們很少累計年數，故老年人對於年齡的多少非常模糊。

阿美族多以植物的發芽、開花、結果及凋落以及月之盈虧，決定月次，一年雖分十二個月，但是沒有明確的規定，僅依照農作物變遷之順序，與一年中所照例舉行的祭祀和狩獵等之循環，自然地決定了一年的始和終，並確定十二個月的月數。他們亦根據太陽位置的轉移，決定一天的時間，入夜則觀察星星的位置、雞的鳴聲，以決定夜晚的時間。

根據台大考古人類系教授董作賓博士的研究，泰雅族的邁西多邦(Mesitobaon)社和特比倫(Tepilum)社的時間觀念可分爲年、月、日、時等四項。泰雅族的其他各社也是如此。

年是以播種和收穫一次爲一年，收穫完畢，到下次不見月光之日爲一年之開始，稱爲「斯美土」（Smato），即元旦之意。這一天相當於農曆的十一月初一日，但每年有若干日是不確定的。人的年齡是以耕種田地的位置及塊數來推算，大致不會錯。

農作物的播種，以植物的開花來決定，早穀是在白山櫻（Mata Labau）開花時播種，約在陽曆二月末至三月初。陸稻是在滿山紅（Kala-hangau）開花時播種，約在陽曆四月上旬，黍在萱草（Mata Kovin）開花時播種，約在陽曆六月。晚穀在梅子成熟可食時播種，約在陽曆五月間。穀類的成熟約五、六月。從陽曆三月至十月是他們的農忙時期，最早的播種在二月開始，最晚的收穫亦在十一月間結束。一次農作物的播種和收穫全部結束以後算是一年，他們稱年爲「可丟克・開活斯」（Quotux Kawas）。

他們計算元旦有專人負責，此專人叫做「麥來克・克軋」，意思是監督者，他要在每年的年終留心研究，找出次年的元旦，方法是在黍和晚穀都將收割完畢時，就留心着找到一個沒有月亮的黑夜，從這一夜起，每睡一夜就用痲繩打一個結，算是一日，打滿三十個結，就決定這是新年的第一日元旦了。在新年的前十天，原住民收割完畢，就入山打獵，以備過年，在元旦前一天，監督者要邀請頭目研究宣佈元旦的日子，俾舉行豐年祭。

他們的男女年齡都採取「耕地紀年法」，即每一塊田耕種五年。如果從出生開始，家人耕了十塊田，就是五十歲。他們將出生死亡都當作大事記載，如頭目死亡之年，親友婚喪之年等都是。

「月」是以太陰月爲準，他們注意每一個月有三十天，並有晦、朔、弦、望等之別，但一年不計月之多少。一個月中分月亮形相爲五種，月出稱爲「希凡可」（Shivango），意爲初生之月；上弦稱爲「麥沙拉卡」（Masalakais），意爲青春之月；望稱爲「麥太凡」（Matava），如簸箕之意，或稱「呑麥」（Tumau），即圓月之

●台灣原住民的分佈圖。

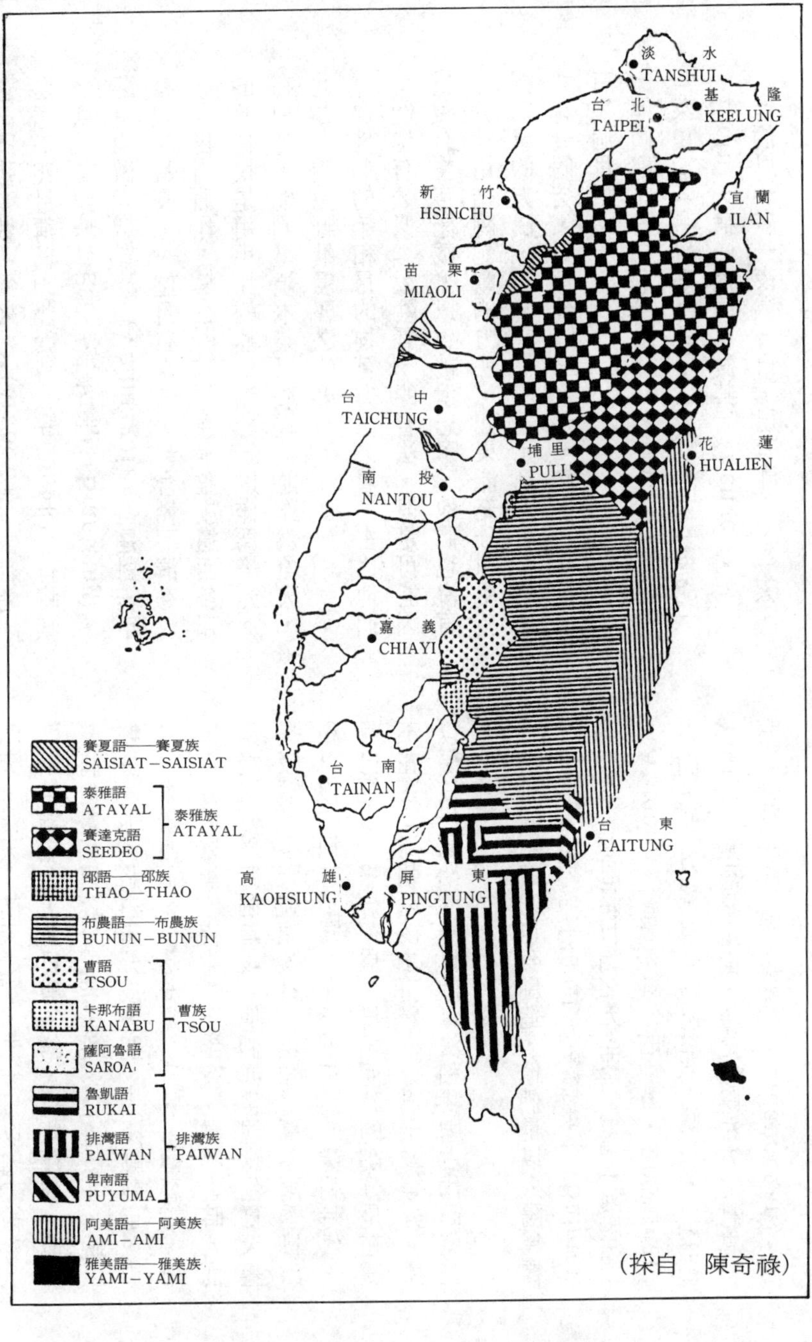
淡水
TANSHUI
基隆
KEELUNG
台北
TAIPEI
新竹
HSINCHU
宜蘭
ILAN
苗栗
MIAOLI
台中
TAICHUNG
花蓮
HUALIEN
埔里
PULI
南投
NANTOU
嘉義
CHIAYI
台南
TAINAN
台東
TAITUNG
高雄
KAOHSIUNG
屏東
PINGTUNG
賽夏語——賽夏族
SAISIAT－SAISIAT
泰雅語
ATAYAL
賽達克語
SEEDEO
泰雅族
ATAYAL
邵語——邵族
THAO—THAO
布農語——布農族
BUNUN－BUNUN
曹語
TSOU
卡那布語
KANABU
薩阿魯語
SAROA
曹族
TSOU
魯凱語
RUKAI
排灣語
PAIWAN
卑南語
PUYUMA
排灣族
PAIWAN
阿美語——阿美族
AMI－AMI
雅美語——雅美族
YAMI－YAMI
(採自　陳奇祿)

意：下弦叫做「麥火會」(Mahowi)，含有虧缺之意：殘月稱爲「邱排刻」(Chubagk)，有將滅之意。他們稱月亮爲「別安星」(Biantsing)，落月叫做「凡辦軋」(Veinbagai)。但是對一年有幾次月圓，一個月有幾天，都含糊不清。

「日出而作，日入而息」。在泰雅族邁西多邦的原住民是用小片的油松點燃，以作爲燈光。在戶外，他們燃燒木柴以取暖，並作爲燈火，此亦有避免野獸侵襲之效果。

從他們的年和月的推算方法來看，古代他們可能也有類似「太陰曆」的曆法，但是可能因爲沒有文字記載，以致被遺忘了。他們也沒有充分利用結繩記載的方法，如果能充分利用結繩記事的方法，一一記下前一元旦到後一元旦共有幾個結，共有幾個三十天，就會知道一年有幾個月了。

他們稱白晝爲「卡利約」(Kaliyan)，黑夜爲「萊黑開」(Lahagan)，一日爲「立奧胡」(Liofu)，宿一夜爲「盆其」(Benge)。

他們以一晝一夜爲一日，已有昨天、今天、明天、後天、前天之別，二十日以內之約會，則以結繩記之，並日剪一結，故能踐約。他們又將白晝和黑夜分成若干段，白晝較多，晚上較少。他們將白晝分成天明、太陽曬熱了、中午、太陽西下、日落一半、日入、薄暮等，將黑夜分成昏黑、夜半、下半夜、雞鳴之時。而雞鳴又分爲四個階段。他們亦曾注意到夏天晝長夜短，冬天晝短夜長，也知道夏冬兩季日出和日沒的地方不同。在三千年前的商朝時代，就已經以一晝一夜爲一日，而時的劃分是在晝不在夜（周朝以後才將晝夜分爲十二等分。所以原住民原始的一日計算法和我國古代商朝差不多。）

泰雅族對方向也有創造，他們是以太陽爲標準，東方稱爲「白色五・維琪」(Babuan Wage)，意思是日出之方。西方稱爲「阿脫漢」(Atuhan)，意思是神住的地方，也是日落之方向。北方稱爲「阿脫西・姚脫」(Atsil Yotuf)，意思是上面，也是太陽左方之意思。南方稱爲「阿里萊・火軋」(Alilauhogan)，意思是指下面，並有太陽右方之意思。

他們也認識一些星座，但是似乎都是恆星。他們稱星爲「未因克」(Veinga)。畢星，即冬天夜半至天明之星，稱爲「莫吐」(Motu)。夏天日落後，西方所見之明星，叫做「軋卡非約」(Gagavigan)。冬天日出前，東方所見之明星，叫做「卡莎剎」(Kasasan)。參星稱爲「卡萊剎」(Kalasayion)。

布農族卡奈橐橫社頭目所創造的「繪曆」，在原住民中曆法的時間觀念上是比較進步的。還有長形「日曆板」和小形「日曆板」的應用，也是在原始曆法中可算是比較進步的。「繪曆」長一英尺五寸，濶八英寸，頂部略小，並有二孔，可繫繩掛於墻壁上，係用厚約半英寸之木板作成，上面並有刻畫。橫有七格，縱有十四格，共九十八格，每格中均有日、月、草、木、人形……等圖像。這些圖像是對一年中應行之祭典、農耕和狩獵等重要節日之表示。長形「日曆板」係由一長木板製成，長四英尺，濶四英寸，兩側刻有密佈之深淺缺刻，平面刻有山、川、日、月以及植物等圖像。這是比較精密計算日期和季節的工具，每年由上而下，終而復始地，循環使用，使行事有條不紊。另有一種小型「日曆板」，形式較小，長九英寸，濶五英寸，上刻有橫列會意符號，用此計算時間比前兩種複雜。這三種曆板現在放在台大民族學標本室。這三種曆板只有布農族中的少數頭目知道它的計算方法，而其他各宗族在原始曆法的運用上，都還沒有發展到使用曆板的程度。可見創造曆板的布農族頭目比較聰明。

二／原住民對季節的認識

原住民對季節的觀念十分淺薄，泰雅族和曹族只將一年分成夏冬兩季。夏季意思是植物發芽的時候，所以夏季（半年）是從草木長新葉時開始（應該稱春季才對）。冬季意思是落葉的時候，所以冬季是從樹木落葉時開始（應該稱秋季才對）。但是夏冬兩季的界限不明顯，也沒有月數和日數之區別。他們僅以花開、鳥鳴及自然界現象之變動，配合他們農作和祭祀的日期，在夏冬兩季中，又分成許多小季節，如樹葉之出枝日、櫻樹之花開日、桃花之含苞時，松樹之開花時等。布農族中有些部落定有相當春、夏、秋、冬等四季之情形，但是觀念並不明顯。曹族的一些部落還將一年分成雨季和旱季，這是其他種族所少見的。

三／原住民的氣象知識

因為原住民沒有文字留傳下來，所以很難考證他們到底有沒有氣象學識。但是我們可以從台灣早期的文獻中看出他們也有預報天氣的經驗之談。清高宗乾隆十二年（西元一七四七年），范咸在《續修台灣府志》卷一〈封疆志山川篇〉中有這樣的記載：

> 水漣潭（今日之日月潭一帶）在半線，方廣二丈餘，形若井，崇山環列。天將風雨，則水漲發聲如潮，番民以占陰晴。（引自舊志）

這種預報法雖然不一定可靠，但是也可以說明二百多年前，台灣原住民已有氣象預報上的經驗之談。

台灣原住民還利用颱風草來預報颱風來襲的有無和次數，成書於清聖祖康熙三十三年的《台灣府志》即記載說：

> 土番識風草，此草生無節，則週年俱無颱，一節即颱一次，二節二次，多節則多次，今人亦多識此草。

成書於乾隆十六年的《台海見聞錄》卷二〈台草篇〉亦載：

> 風草土番識之。云春生無節，則終年無颱風；生一節即颱風一次，多一節則多一次，甚為奇驗。土人呼為蘆竹草，幹似蘆，高丈許，葉長尺餘，有穗可為帚。葉上有橫紋，如指甲痕者。土人又云，葉上無紋即無颱，有一紋則颱一次，以此驗颱也。

范咸在《續修台灣府志》卷一〈封疆志山川篇〉也記載台灣原住民預報颱風的方法，文曰：

> 老番能占歲，草初發，視今歲何者為先，則定一歲旱潦豐歉。師曠云：歲欲甘，則甘草先生，歲欲旱，則苦草先生。番猶古先民之遺也。春以草驗風信：初生無節，則週歲無颱；每一

節，歲颱一次，驗之不爽，名曰風草。

按這些都是以颱風草上節數之多寡預測整年颱風侵台次數之濫觴。以今日氣象學立場來看，這種預測法並不正確，原住民「驗之不爽」，可能只是巧合而已。

台灣原住民一如古代漢人一樣，也有久旱求雨，久雨求晴的願望。因爲農作物需要雨水滋潤和灌溉，所以久旱不雨時，原住民就有求雨的祭禮—乞雨祭（求雨祭）。原住民進行乞雨時，數社的原住民都到溪邊將祭祀用的豬宰殺，以所流出的豬血放流到溪流中，並有如女巫作法一般地向天空呼叫著乞雨用的術語，俾雨神聽到，而降下雨來。久雨求晴時，原住民都要上高山去宰殺豬隻，並燃燒「古天啓耶衣」（Kutzenyain）樹枝，有如女巫祈禱作法一般地呼叫求晴的術語，俾使日神（太陽）早日出現。

四／結語

由本文之論述，可見台灣原住民自古以來也有不少天文氣象知識，其程度相當於我國古代商周時代至先秦時代的科技水平。可惜的是，台灣原住民沒有發明文字，將古代文化保存下來，以致增加今日考古人類學上研究之困難。

風風雨雨兩百年
——台灣先民對氣象和氣候之認識

一／引言

台灣自古以來就是中國的一部分，遠在殷代，國人就已經知道台灣的存在。古籍《列子》（註一）卷五湯問篇記有殷商大夫夏革的一段敍述，說：「渤海之東，不知幾億萬里，有大壑焉。惟無底之谷，其下無底，名曰歸墟。八紘九野之水，天漢之流，莫不注之，而無增無滅焉。其中有五山焉。一曰岱輿，二曰員嶠，三曰方壺，四曰瀛洲，五曰蓬萊。」文中所說的岱輿、員嶠，即是台灣，方壺就是澎湖。春秋晚期成書的〈禹貢〉（註二）也說：「島夷卉服（草服），厥篚織貝，厥包橘、柚，錫貢。」島夷就是指台灣。三國時代，東吳孫權曾派遣衛溫、諸葛直兩人率士兵萬人浮海達夷洲（註三），夷洲就是台灣。這是中國人和台灣本島的首次接觸。所以對台灣的氣候也就開始有了基本上的認識。三國時代，沈瑩在他所撰的《臨海水土志》中首先說台灣氣候「土地無雪，霜草不死」（註四）。《隋書》（註五）卷八十一流求國（台灣）條也說台灣「風土氣候與嶺南相似。」後來我國東南沿海各省人民大量移民台灣，於是東南沿海各省人民和台灣人民之間的往來和經濟接觸，也就愈來愈頻繁，國人對台灣的氣象和氣候特徵也就愈來愈瞭解，所以清代有關台灣氣象和氣候特徵的文獻記載甚多，值得吾人加以研究。

二／先民對台灣氣候之認識

宋朝以後，隨著指南針在航海上之應用，我國先民在台灣海峽之航海活動也就更加頻繁，自大陸移民台灣的，以及來往於台澎與大陸之間的人也日漸增多，因此宋代以後，有關台灣地區及台灣海峽氣象和氣候等情況的記載也就顯著地增加，《台灣叢書》、《台灣文獻叢刊》中的許多文獻都有詳細的描述。陳瑞平先生在〈我國古代對台灣海峽的氣象和水文的認識〉一文（一九八二年十一月《科學史集刊》第十輯第一〇七－一一〇頁）中曾就有關台灣古代季風、颱風、海陸風、海霧、氣溫與降水等五方面問題略加討論，惟內容僅約四千字，難窺全貌。謹整理《台灣叢書》、《台灣文獻叢刊》中的各種文獻，並參考陳文及拙作《中華氣象學史》中之資料。分成季風、颱風、海陸風、焚風、海霧、氣溫和降水、氣象預報、龍捲風等八部分分別說明。

(一)季風

我國先民對東南沿海季風的認識甚早，北宋時代蘇軾船趠風詩有曰：「三時（夏時後半月）已斷黃梅雨，萬里初來船趠風。」（註六）云夏季此風自海上與船舶同至。這種船趠風就是夏季季風。市舶司爲了迎送外國海商，祈禱順風航行所舉行的例行儀式，是在「夏四月」和「冬十月」舉行。他們所以選四月和八月分別舉行，是因爲四月和八月分別是台灣海峽西南季風和東北季風開始盛行的季節。前者利於北航，後者利於南航。南宋趙汝適在《諸蕃志》（註七）中記載得更具體，他說：「三佛齊國（今印尼蘇門答臘）在泉（泉州）之南，冬月順風。」這是利用東北季風向南航海貿易的寫照，反映出當時對台灣海峽以至更廣海域的季風時節已相當熟悉。明神宗萬曆四十五年，沈有容在《閩海贈言》（註八）卷之二平東番記中的記載，說明當時對台灣海峽季風的認識又進了一步。它既有台灣海峽「時臘月，非出海候」（因冬季常有強勁的東北季風）之記載，也有預測這種天氣的風徵（即前兆現象）的描述，文曰：「將晡，君登舵樓，遙望山，有黑雲一片方起，心知是風激也，而不敢言，至夜，果大風。」書中關於「春秋巡行海上」的記述，是說該處春秋東北季風盛行，利於東北方的倭寇駕船竄犯台灣海峽及福建沿海地區，因而在這一時期要加強海上巡邏，以便殲滅來犯的倭寇。可見，當時已能正確地運用季風的知識來指導保衛海疆的軍事部署了。

繼明朝對季風的認識，清初，我國先民對台灣海峽季風的認識更加深入。高拱乾在康熙三十三年撰成的《台灣府志》（註九）中不僅記載了台灣海峽東北季風和西南季風的交替時間，而且還簡要地說明了這兩種季風形成的原因。書中寫道：「九月（農曆，以下同），則北風初烈。」「十月以後，北風常作。」「清明以後，地氣自南而北，則南風爲常；霜降以後，地氣自北而南，則以北風爲常風。」所謂「地氣」，就是表示比台灣海峽更大範圍的年內氣候變化的大氣狀況。它的變化引起台灣海峽季風的轉換。此書還寫道：台灣海峽「南風壯而順，北風烈而嚴。南風多間，北風罕斷。南風駕船，非颱颶之時，常患風不勝帆（即風力不足），故商賈以小舟爲速；北風駕船，雖非颱颶之時，亦帆不勝風（因風力太強勁），故商賈以舟大爲穩。」又說「風大而烈者爲颶」，「大約正、二、三、四月發者爲颶」；「九月則北風初烈或至連月，俗稱九降風。」此外，它還有九月至次年三月的颶風日的記載（見《台灣府志》〈風土志〉卷七）。這些記載，已對台灣海峽東北季風和西南季風的強度（東北季風強於西南季風）作了生動的對比，反映出對於台灣海峽自九月至次年春季常有風浪的特色，有了更明確的認識。

清穆宗同治七年（西元一八六八年）陳壽祺在《福建通志》（註一〇）卷八十七〈海防篇〉風信潮汐條中記載說：「台灣府四時風信：一年

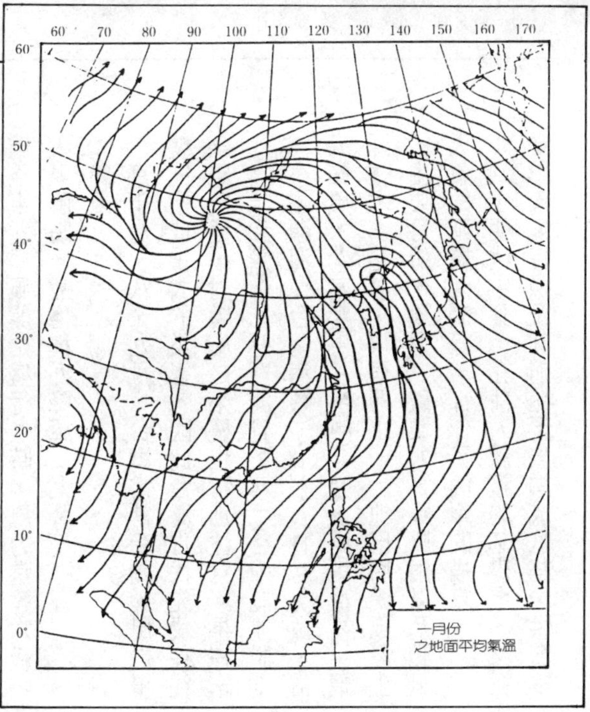

●東北季風（古稱九降風）之形成示意圖。

之月，各有颱日，驗之多應。舟人以此戒備，不敢行船。凡清明以後，地氣自南而北，則以南風為常。霜降以後，地氣自北而南，則以北風為常。風若反常，寒南風而暑北風，則颱颶將作，不可行船。南風壯而順，北風烈而嚴。南風多間，北風罕斷。南風駕船，非颱颶之時，常患風不勝帆；故商賈以舟小為速。北風駕船，雖非颱颶之時，亦患帆不勝風，故商賈以舟大為穩。」「過洋以四月、七月、十月為穩，以四月少颶日，七月寒暑初交，十月小陽春候，天氣多晴順也。最忌六月九月，以六月多颱日，九月多九降也。」「十月以後，北風常作，然颱颶無定期。舟人視風隙以東往。五、六、七、八月應屬南風……。」所言和《台灣府志》所載大致相同。

此外，《台灣縣志》（註一一）卷一〈輿地志〉風信條也記載說：「時當九月，風每經旬，或至閱月，是名九降。九降恒不雨而風，遙望外海，浪色如銀，播空疊出，名曰起白馬，舟不可行。又自寒露至立冬止，常陰晦，俗稱九月烏。」《廈門志》（註一二）卷四〈附風信篇〉中也說：「九月天色晦冥，狂飇疊發，俗呼為九降；或為九橫。」《淡水廳志》（註一三）卷十一〈風俗篇〉氣候條也說：「重陽前後三四日忌九廟風，亦曰九降風。」按重陽前後三、四日與寒露之日期（國曆十月七、八、九日）相近，確為東北季風開始盛行之時，風力常達六級，天氣陰晦，故俗稱九降風（九降烏）。

(二)颱風

每年七、八、九月，台灣常常受到颱風之侵襲，造成重大的災害，因此台灣古代先民往往談颱色變，對颱風之來襲也特別注意。早在宋代，范正敏便在《遯齋閒覽》（註一四）中記述說：「泉州瀕海（台灣海峽），七、八月多大風，俗云癲風，亦云颶風（颱風）。其來風雨俱作，飛瓦拔木，甚者，再宿乃止。」他已將颱風發生的主要月份、風力、破壞力、颱風雨以及颱風天氣的延續時間等，都作了簡單的描寫。

到了明代中葉，在前人認識的基礎上，又把颱風天氣特徵及其前兆現象編成歌謠，供海軍使用。據清道光十二年周凱纂修的《廈門志》卷四〈附風信篇〉中所載：「海波（沙）雲起，謂之風潮，名曰颶風，大雨相交（夏秋之交大風，及有海沙雲起，謂之風潮，名曰颶風，此乃颶四方之風。有此風，必有霖淫，大雨同作），單起單止，雙起雙消（凡風單日起，單日止，雙日起，雙日止）。」總結出颱風過境時的特殊天氣，前後延續約三天左右的規律，還注意到颱風前兆的特殊雲狀。所謂「海波雲」，就是颱風過境前的高雲族的雲，如鈎卷雲或毛髮狀卷雲。它可作颱風預報之用。可見當時我國先民對台灣海峽一帶的颱風，已經觀察得相當仔細。然而，對颱風更有系統的記述，還是在清康熙征服台灣之後。

到了清康熙時代，台灣官方和民間有關颱風之記述更多，既有官修的方志——如《台灣府志》、《台灣通志》和《福建通志》，也有私人的著作——如康熙時代季麒光的《風颱說》（註一五）、王士禎的《香祖筆記》（註一六）和乾隆時代黃叔璥的《台海使槎錄》（註一七）、康熙時代郁永河的《採硫日記》（註一八）等。其中以康熙三十三年的《台灣府志》的記述較爲詳細。它對冬春季強烈風暴與夏秋的颱風作了多方面的對比；從風速的大小來看，「風大而烈者爲颶（指冬春季的強烈風暴，包括南下的強烈冷鋒、颮線和寒潮在內），又甚者爲颱」。從風向性質來看，颱風和颶風也不同，前者爲遞變的性質，即「颱將發，則北風先至，轉而東南，又轉而南，又轉而西南」。從發生（過境）的時間看，「大約正、二、三、四月發者爲颶，五、六、七、八月發者爲颱」，九月則「間或有颱」。在降雨特徵上，「九降風則無雨有風」，而「颱雨嚴厲」。此外，「颶風驟發，發颱則有漸（指有明顯的前兆可察和有稍長的發展過程）；颶或瞬倏止，颱則常連日夜或數日而止。」（見《台灣府志・風土志》卷七）。這說明當時不僅已認識了颱風和一般強風的多種特徵，從而將它們清楚地區別開來；而且總結了年內颱風出現的時期，還注意到了它在不同月份出現的頻率。這些記述和現代的觀測認識基本上是一致的。

郁永河在《採硫日記》卷上裏對台灣海峽的颱風也有詳細而精確的描述，他說：「海上颶風時作，然歲有常期，或逾期或不及期，所爽不過三日，別有風期可考。颶之尤甚者曰颱風，無定期，與大雨同至，至必拔木，壞垣瓦，烈石，久而愈勁，舟雖泊澳，常至篚粉，海上人甚畏之。惟得雷聲即止。占颱風者，每視風向反常爲戒，如夏月應南而反北，秋冬與春應北而反南（三月二十三日馬祖暴後，便應南風，白露後至三月皆惡北風，惟七月北風多爲颱），旋必成颱。幸其至也漸，人得早避之。又曰：風四面皆至，曰颱，不知颱雖暴，無四方齊至之理。譬如北風颱必轉而東南，而西南，又轉西，或一二日或三五日，不四面傳徧不止，是四面遞至，非四面並至也。颶驟而禍輕，颱緩而禍久且烈。」可知文中所言之「颶」，提指鋒面過後，強盛的東北季風；「颱」才是現在所說的颱風，文中並描述颱風所造成的重大災害。又指出「風四面皆至曰颱」之不當，見解正確。

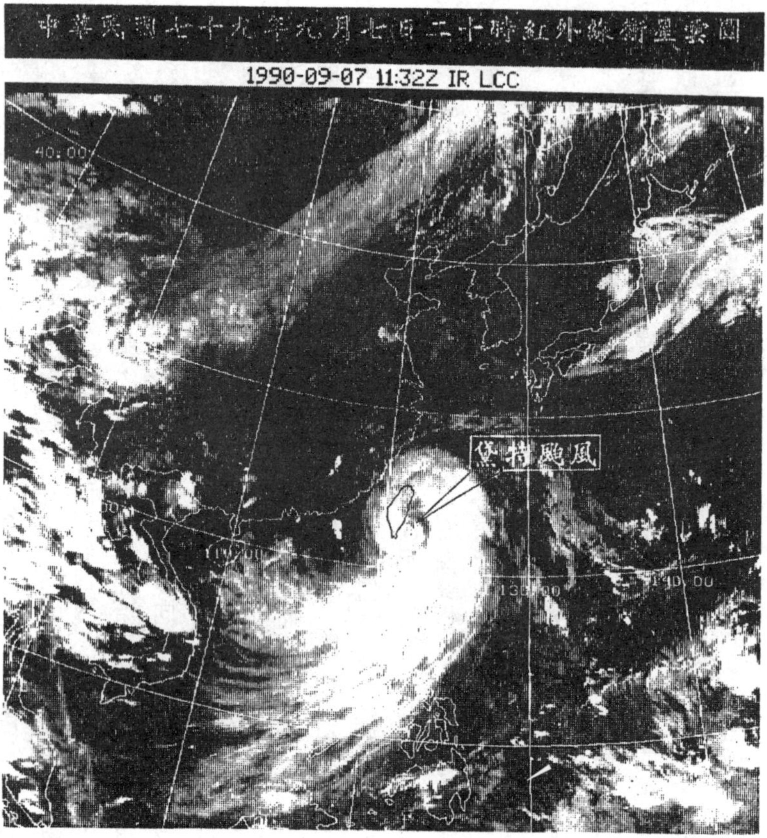

●一九九〇年九月七日黛特颱風動向圖。

溫度奇高　79.9.8.　中央日報

水里出現焚風
香蕉皮被薰黑

【本報記者楊芝亦水里報導】南投縣水里鄉玉峰村颳起焚風，香蕉葉、蕉果枯萎。柳丁、文旦等掉落滿地，農作物受損嚴重。

水里鄉玉峰村民指出，幾十年來沒出現的焚風（過山風），連續吹襲山區，不但溫度高，而且兇猛，所經之處農作物普遍受害，沒包紙的香蕉皮被燻黑，蕉葉枯乾，柳丁及文旦掉落滿地，部分的果樹枝幹被吹斷，居民稱奇，也是罕見的景象。

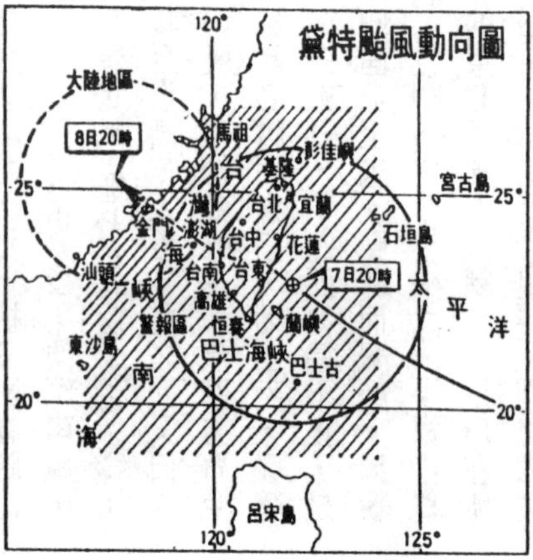

●一九九〇年的黛特颱風在台東東方近海面上西移時，南投縣水里鄉出現焚風。

《台灣府志》卷七風信條對颱風前兆現象的記述也比較詳細。它記道：在正常風期間，風向「若反其常，則颱颶將作」，「天邊有斷虹，亦颱將至。止（只）觀一片（雲）如船帆者曰破帆，及半天如鱟（屬於劍尾目的一種有甲殼的海生動物）尾者曰屈鱟，出於北方，又甚於他方也；海水驟變，水面多穢如米糠及有海蛇浮游於水面，亦颱將至。」（後來的《香祖筆記》、《中山傳信錄》、《台海使槎錄》、《福建通志》等都曾引錄它）。颱風的這些前兆現象是當時長期觀察的經驗總結，今日也能得到氣象學上的解釋。它不僅對當時的預報颱風很有助益，就是現在也還有一定的參考價值，可以作為預報颱風的參考資料。因此，台灣沿海漁民至今還在應用它。

㈢海陸風

因為台灣西半部有較廣濶的平原和盆地，加上日夜溫差大的影響，所以海陸風現象在台灣西南部和北部也很明顯。早在元代，張翥有「遙連嶺嶠東，近海晝多風」（發漳州詩）的詩句，描述了台灣海峽西部的海陸風。自清初開始，台灣先民由於橫渡台灣海峽更加頻繁，所以對航海有重要影響的海陸風更加注意，也作了較詳細的記載，對台灣海峽東部的風，「曉東，暮西，風之所自與中土（福建）又大異矣！」（見《台灣府志》〈風土志〉卷七）。《台海使槎錄》卷一風信條又說「內地（福建沿海地區）之風，早西晚東，惟台地（台灣西部及西南部海岸地區）早東風，午西風，名曰發海西，四時皆然。」因此《澎湖紀略》（註一九）卷一〈天文紀〉氣候條曰：「船出鹿耳門（今安平港，道光初年淤塞）必得東風方可揚帆；澎湖來船，必得西風，才可進港。」這不僅具體地描述和比較了台灣海峽兩側海陸風的方向，而且還指出了它對航海的影響。對於這種海陸風，當時人們稱它為「發海西」。

清代記載台灣地區海陸風的文獻還有不少，例如清康熙五十九年撰成之《台灣縣志》卷一〈輿地志〉氣候條曰：「內地早西而晚東；台地則東風發於蚤（早）晨，近午而起西風，謂之發海西，若無西風，則天時不崇朝而變矣！」清康熙五十六年撰成的《諸羅縣志》（註二〇）卷八風俗志氣候條亦曰：「天色晴爽，午後西風大作，謂之發海西，與內地早西晚東迥異。」《澎湖紀略》卷一〈天文紀〉•氣候條亦曰：「澎台之風與內地相反而適相宜者，內地多早西晚東，惟澎台之風則早東午西，名曰發海西。」《淡水廳志》卷十一〈風俗篇〉氣候條亦載：「淡地早東午西，名發海西，春夏時皆然。」內容大致相同。

史籍對海陸風在一定天氣條件下發生的異常現象也有記載，例如清宣宗道光九年，林棲鳳、陳國瑛在《台灣采訪冊》（註二一）氣候占驗篇中說：「內地之風，早西晚東，天乃晴，而台地則異。是凡久雨後，必午後海西透發，乃見晴霽。不然，雖晴亦旋雨矣！陳睿菴詩云：早晚西東卜霽天，台中反見雨纏綿。」這些記載說明，當時對海陸風的出現是晴天的徵兆已有一定的認識，並且對特殊天氣條件下（如雨天）又不出現海陸風，也有了觀察和認識。

此外，清初對台灣海峽的無風狀態，也有觀察和記載。郁永河在《採硫日記》卷上裏曾記載說，他在四月十六日從廈門出發，前往台灣，頭幾天「海船在巨浪中」，但「二十日無風不能行」，他還「憶往歲在榕城（福州）晤梁谿季君蓉洲言：自台令旋省，至大洋中（台灣海峽中部），風絕絕十有七日，舟不移尺寸，水平如鏡，視澈波底，有礁石可識。」「斯言誠然」，「始悟海洋中泛舟，固畏風，又畏無風。」這些記載說明當時很重視台灣海峽無風的特殊天氣問題，對現在研究台灣海峽天氣變化的規律，也很有參考的價值。

(四) 焚風

從清朝初年開始，台灣西部的先民便把焚風稱爲「麒麟颶」。成書於康熙五十九年的《台灣縣志》卷一〈輿地志〉風信條云：「狂飈怒號，轉覺灼體，風過後木葉焦萎，俗謂之麒麟颶，云風中有火，殊可詫異。」光緒初年成書的《台灣通志》（註二二）〈疆域篇〉風潮條亦載：「內地之風，拔木發尾而止，台則千石巨舟，往往吹上田壠。有時風愈烈，燥愈甚，風過草木皆焦，名麒麟暴，謂風中有火云。」（引自《東瀛識略》）。因爲台灣的廟宇壁畫或雕刻的麒麟，四足帶有火焰，焚風使草木枯焦，猶如風中帶火，故以麒麟稱之。

(五)海霧

海霧是台灣西部近海春季（指二、三、四月份）常常出現的天氣現象。春季台灣處於高壓後部迴流區時，因爲台灣海峽海水尚冷，加上暖濕空氣平流之關係，所以台灣西部近海常常出現海霧。從明朝開始，便有有關海霧之記載，並明確地提出，在台灣海峽航行時，要提防有天霧的阻礙（見《海道經》〈海道篇〉「過一日，至滿門千戶所，防有天霧。」）。到了清乾隆年間，有關台灣海峽北緣和南部春季多霧的記述很多。例如乾隆二十二年的《琉球國志略》（註二四）卷五言：「海老夥長皆言：台灣海峽北緣二月則多霧，恐風順遇山不見，船反至逼山。」光緒八年出刊的《金門志》（註二五）卷十五氣候條中所言：「若霧漫山蔽海，咫尺不相辨，北風來，始吹散。」表示當時對台灣海峽春季多霧之特徵已經有了明確的認識。

(六)龍捲風

台灣西部和西南部地區在春季、春夏之交及夏季偶有龍捲風發生，近海地帶和海面上偶亦有水龍捲出現，所以清初以來，即有關於水龍捲和龍捲風之記載。例如《台灣縣志》中有以下之記載：「海船中見有黑氣一條湧出海面，漸及半天，名曰鼠尾風，乃龍起也。」就是指水龍捲。《台灣采訪冊》〈詳異篇〉（六）鼠尾風條也有以下之記載：「青天白日，忽黑雲四布，從遠岫起，人見之，有尾在雲際蜿蜒，不知何物，咸稱之曰鼠尾，嘗上北路，至灣裡溪，渡中流，見一物，在雲脚間，或伸，或縮，初見如絲，如鼠尾，再覩則如繩，如牛尾矣！少頃間，小者大者數十條，更有廣至數圍，漸漸逼近，風遂暴起，舟子驚曰：鼠尾起矣！不速至岸，必被淹沒，舟人大恐，甚有哭者，幸到岸，急風大至，與輿夫俱蹲竹下，有頃，風止，乃得行。」（所見）。「聞鼠尾風直捲人上半天，而不致害命，嘗有一人坐肩輿及兩輿夫被鼠尾捲去，自空而下，剛剛在樹杪，大呼救命，衆駭見而無如何。忽前輿夫力不支墜地，後輿夫亦尋墜，坐輿人徬徨四顧，半響，亦墜下，皆無恙。」（所聞）。「又聞人被鼠尾風捲上，只茫茫然不知所以然。既而風漸靜，則徐徐而下至地，呆立不動，片刻間，始能行。計所止之地距騰空處，相去十餘里矣！」（所聞）按《台灣采訪冊》〈詳異篇〉第一條所見，並未言明鼠尾曾否抵達地面，故可能是漏斗狀雲。第二條及第三條記所見之鼠尾風，就是龍捲風。

(七)氣溫和降水

氣溫和降水對農業生產和人民的生活有重大的影響。因此，我國先民很早就已對台灣地區氣溫和降水之氣候特徵有所認識。元代汪大淵透過實地觀察，在他的《島夷志略》（註二六）卷一〈澎湖篇〉中，記述了澎湖「氣候常暖」的特徵。明、清時代的記載，顯示，不僅著作數量增多，而且內容也較為詳細。例如，明朝《隆慶府志》記載：「閩（包括台灣）在東南隅，氣候熱多於寒，故有四時皆是夏，一雨便成秋之說。」（清黃任撰《泉州府志》〈氣候〉卷二引）。清乾隆二十八年《泉州府志》卷二〈氣候篇〉記載說：「大海（台灣海峽）浸其東南，氣候最為溫暖，一冬不見冰雪，有時略隕微霜，亦不殺草，四月以後，梅雨郁蒸，磚礎皆濕，春冬時作颶風（東北季風），風必有雨，但春則挾雨而兼風，冬則先風而後雨，亦有乾風而竟不雨者」；「愈南則愈暖」，「降及諸島，冬春冰雪絕無。」這些記述指出了台灣海峽地區氣溫與降水隨緯度不同而有差異之事實，又指出了台灣海峽附近陸地氣候之影響。

自康熙以後，台澎先民對台澎地區之氣溫和降水之認識更加深刻，所以康熙年間之《台灣府志》、《台灣縣志》、《諸羅縣志》、《鳳山縣志》，乾隆年間的《澎湖紀略》，以及更後來的《台灣采訪冊》等著作，對台澎地區的氣溫和降雨的特徵，都有詳細的記載。其中《台灣府志》卷七〈風土志〉指出這裏南北氣候的不同，文曰：「鳳山以南至下淡水等處，蚤（早）夜東風盛發（陸風），反晡鬱熱，入夜寒涼，冷熱失宜。雞籠（基隆）地方，孤懸海口，地高風烈（強），冬春之際，時有霜雪。」《鳳山縣志》（註二七）卷七〈風土志〉對於台灣之氣溫和降水之特徵也有深刻的描述。文曰：「台灣氣候異於內地，大抵暑多於寒，……花卉或不時盛開，木葉或經年不脫，……此寒暑之氣候一也。」「春苦旱，秋苦潦。西南雲合而沛甘澍，東北雲密而負日暄，此雨暘之氣候二也。」「自鳳山溪南至淡水（下淡水）等處，蚤（朝）則東風大作，及晡鬱蒸，入夜寒涼，冬少朔風，不用裝綿。此淡水（下淡水）之氣候四也。」

《澎湖紀略》（見註二八）卷一〈天文紀〉氣候條對澎湖的氣溫和降水的季節性差異作了生動的描述，還正確地概括出「澎湖多風少雨」的氣候特徵。文曰：「閩中春則多雨，澎則頻旱，廈日西北風則雨，諺云：廈北風雨太公。澎則北風無雨；必待東南風方得有雨。此雨暘氣候之不同也。內部中四季草木長青。澎則自立春以至清明，草芽不發，至夏方生；立秋以後，草則漸黃，更無花卉。此生植物之氣候不同也。……。澎則春時東南風起，入人腠裡，以至頭暈，土人每以布裹頭禦之。夏日則赤日炎熱，無高山樾蔭，暑氣襲人，與瘴癘相似。至秋，則西風時作，稍晴仍似夏日。冬日雖無奇寒，然風聲、水聲無日不聒耳；甚至飛沙走石，此寒暑之氣候不同也。」

到了道光九年（西元一八二九年），陳國瑛等人經過調查後，認識和記載了澎湖曾發生「天降鹹雨」的特殊氣象，他們在《台灣采訪冊》〈詳異志〉雨水條中記曰：「澎湖距台灣水路四更，島嶼三十有六，大小不等。……。嘉慶二十年乙亥秋八日，天降鹹雨，凡所種盡枯焦。」

對於台灣北部有名的西北雨，清代文獻也有記載，例如《台灣縣志》云：「凡疾風挾雨，驟至而驟止，俗呼爲西北雨，亦曰風時雨。」《福建通志》亦言：「五、六、七月間風雨俱至，即俗所稱風時雨，西北雨也。」所言西北雨，很可能是西北颱所伴隨之驟雨，也可能是夏日午後之雷陣雨。

㈧天氣預報

明、淸時期的著作中，還搜集並整理了內容豐富的天氣變化前兆現象，除了前面所說過的颱風來襲之前兆現象以外，很多文獻還談到台灣地區的降水前兆現象，例如明代戚繼光〈風濤歌〉有以下之記載：「日暈則雨，月暈則風。」「日沒脂紅，無雨，風驟。返照沒前，臙脂沒後（須看返照日沒之前，臙脂紅在日沒之後）。」「海燕成羣，風雨便臨。白肚風作，烏肚雨淋。」「海豬亂起，風不可已。」等等（文見《廈門志》卷四〈風信篇〉末）。《海道經》（註二九）和《廈門志》還進一步把天氣諺語分成七個門類——即占天門、占雲門、占風門、占虹門、占霧門、占電門，以及包括海生動物異常在內的占海門。這些門類中都包含有晴雨的前兆現象。其他像《澎湖紀略》卷一天文紀氣候篇中也有雲、霓、雨、露條，《淡水廳志》卷十一〈風俗篇〉中也有占驗條，《台灣采訪冊》中也有氣候占驗篇。這些都顯示我國先民爲了取得在台澎地區從事農漁業和航運的安全保障以及掌握權，當時已經累積了相當豐富的天氣預報知識和經驗。

三／結語

由本文之論述，可見我國古代先民對台澎地區的氣象認識，有著悠久的歷史，有關台澎地區氣象、氣候方面的文獻也相當多。它一方面對台澎氣象綜觀上的主要特徵，例如春季多霧、颱風過境主要在六月至九月、秋季至次年春季常有強烈風浪、季風和海陸風的規律變化和氣候溫熱等特徵，都有明確的認識。對於台澎各地氣象和氣候的差異、天氣變化的前兆現象等，也取得了相當多的觀測紀錄和研究成果。這些成果即使在今日，有的也還有相當大的參考價值，值得我們再進一步研究。

——本文發表於民國七十五年十二月十九日～二十日第一屆科學史研討會。

附註

註　一：《列子》，舊題周朝列禦寇撰，實成書於東晉時代，作者不明，共八卷，在中國子學名著集成珍本第六十四冊。

註　二：〈禹貢〉，《尚書》中的一篇，作者不明，成書於春秋晚期。

註　三：見《三國志》卷四十七吳書吳主傳第二所載：「黃龍二年春正月，……遣將軍衛溫、諸葛直將甲士萬人浮海，求夷洲及壇洲，……得夷洲數千人還。」

註　四：《臨海水土志》原書已失傳，但有關之文記載於宋代李昉所編的《太平御覽》第七八〇卷東夷總敘。

註　五：《隋書》，唐代魏徵等奉敕撰，凡八十五卷，包括本紀五，志十，列傳五十。

註　六：《中華氣象學史》，劉昭民編著，一九八〇年，台灣商務印書館出版，第一一三—一一四頁。

註　七：《諸蕃志》，南宋理宗寶慶元年趙汝適撰，全書共兩卷。

註　八：《閩海贈言》，明神宗萬曆四十五年，沈有容撰，全書共六卷，在台灣文獻叢刊第五十六種。

註　九：《台灣府志》，清聖祖康熙三十三年，高拱乾撰，共十卷，在台灣文獻叢刊第六十五種以及台灣叢書第一輯第一冊。

註一〇：《福建通志》，清穆宗同治七年，陳壽祺撰，共二七八卷，並有首七卷附一卷。

註一一：《台灣縣志》，清聖祖康熙五十九年，王禮修，陳文述纂，共十卷，在台灣叢書第一輯第二冊。

註一二：《廈門志》，清宣宗道光十二年，周凱纂修，呂世宜校，共十六卷首一卷，中國方志叢書第80號。

註一三：《淡水廳志》，清文宗同治十年，陳培桂撰，共十六卷，在台灣叢書第一輯第九冊。

註一四：《遯齋閒覽》，宋代范正敏撰，全書僅一卷，在說郛第十七冊卷三十二。

註一五：《風颱說》，清聖祖康熙二十四年諸羅知縣季麒光撰。文中說颱風「或自南轉北，或自北轉南，……，土人謂正二三四月發者為颶，五六七八月發者為颱，颱甚於颶，而颶急於颱。」

註一六：《香祖筆記》，清聖祖康熙四十四年，王士禎撰，共十二卷，在筆記小說大觀第一二七—一二八冊。

註一七：《台海使槎錄》，清高宗乾隆元年，黃叔璥撰，共八卷，在叢書集成初編第三二三一—三二三二冊。

註一八：《採硫日記》，清聖祖康熙三十七年（一六九八年），郁永河撰，共三卷。

註一九：《澎湖紀略》，清高宗乾隆二十四年胡建偉撰，共十二卷，在台灣文獻叢刊第一〇九種。

註二〇：《諸羅縣志》，清聖祖康熙五十六年，周鍾瑄修，陳夢林、李欽文撰，共十二卷，在台灣叢書第一輯第二冊。

註廿一：《台灣采訪冊》，清宣宗道光九年，林棲鳳、陳國瑛等撰，在台灣叢書第一輯第11冊，共有八十一條。

註廿二：《台灣通志》，清光緒初年，陳文騄、蔣師轍等撰，全書分篇而不分卷。

註廿三：《三山志》，南宋時代梁克家撰，全書共四十二卷。

註廿四：《琉球國志略》，清乾隆二十二年周煌撰，全書共十六卷。

註廿五：《金門志》，清光緒八年，林焜熿撰，全書共十六卷。在台灣文獻叢刊第八十種。

註廿六：《島夷志略》，元順帝至正九年汪大淵撰，全書僅一卷。在四庫全書珍本第十集第一〇五冊。

註廿七：《鳳山縣志》，清康熙五十八年，李丕煜修，陳文達等纂。在台灣叢書第一輯第五冊。

註廿八：《澎湖紀略》，清乾隆二十四年，胡建偉撰，共十二卷。在台灣文獻叢刊第一〇九種。

註廿九：《海道經》，作者不詳，完成於元文宗至順二年（西元1331年）左右，全書有一卷附一卷。

絕妙好辭透天機

——台灣先民的氣象諺語

一／前言

我國古代先民很早就已經知道台灣的存在，所以很早就對台灣的氣候有基本上的認識。三國時代，沈瑩在他所撰的《臨海水土志》（註一）中首先說台灣氣候「土地無雪，霜草不死。」《隋書》（註二）卷八十一流求國（台灣）條也說台灣「風土氣候與嶺南相似。」元代汪大淵在《島夷誌略》（註三）琉球條中也說台灣「氣候漸暖」。

明末清初以後，我國閩粵先民大量移殖台灣，他們對台灣氣象和氣候之特性和閩粵氣候之異同，遂有更深刻的認識，加上他們長期所累積的經驗，於是便創造了不少氣象諺語，來表達他們對台灣天氣和氣候變化現象之認識。其中有不少合乎現代氣象學原理。茲就平日所研究和所搜集到的台灣早期文獻中的氣象氣候資料，加以整理，分爲特殊的氣象諺語和一般性的氣象諺語兩部分，並加以討論如下。

二／特殊的氣象諺語

台灣地區有一些很特殊的氣象災害，例如龍

捲風（古時稱爲「鼠尾風」或「龍起」）、焚風（古時稱爲「麒麟颶」或「麒麟暴」）等；也有一些很特殊的天氣現象，例如白天的海風（古時稱爲「發海西」）、台灣北部的疾風驟雨或午後雷陣雨（古時稱爲「西北雨」）；更有一些台灣特有的氣候現象，例如東北季風（古時稱爲「九降烏」）以及冬半年新竹的多風、強風和蘭陽地區的霪雨（古時稱爲「竹風蘭雨」）等。因此台灣早期的文獻中，有不少關於特殊氣象方面的諺語，茲分別討論如下：

㈠龍捲風

台灣西部和西南部地區在春季、春夏之交及夏季偶有龍捲風發生，例如《台灣通史》（註四）卷九〈災祥篇〉有載：「光緒三年（西元一八七七年）六月，台南旋風所過之處，屋瓦盡撤。」即指出現於嘉南平原上之龍捲風。台灣近海地帶和海面上偶亦有水龍捲出現，所以自清初來，即有一些關於水龍捲的記載。當時稱這些龍捲風和水龍捲爲「鼠尾風」或「龍起」。例如乾隆十七年（西元一七五二年）由王必昌撰之

●漏斗狀雲——鼠尾雲。

《台灣縣志》（註五）卷二〈山水篇〉中即有以下之記載：

洋船中見有黑氣一條湧出海面，漸及半天，名日鼠尾雲，乃龍起也。（亦見於嘉慶十七年謝金鑾所修《台灣縣志》卷一〈地志風信篇〉，道光十五年李元春所撰《台灣志略》卷一〈氣候篇〉）

這是指水龍捲。又淸宣宗道光九年—十年間（西元一八二九年—一八三〇年）由林棲鳳、石川流等人合撰之《台灣采訪册》（註六）〈詳異篇〉（六）鼠尾風條也有以下之記載：

青天白日，忽黑雲四布，從遠岫起，人見之；有尾在雲際蜿蜒，不知何物。咸稱之曰鼠尾。嘗上北路，至灣裡溪，渡中流，見一物，在雲脚間，或伸，或縮，初見如絲、如鼠尾，再覩則如繩、如牛尾矣。少頃間，小者、大者數十條，更有廣至數圍，漸漸逼近，風遂暴起。舟子驚曰：『鼠尾起矣！不速至岸，必被淹沒。』舟人大恐，甚有哭者。幸到岸，急風大至，與輿夫俱蹲竹下，有頃，風止，乃得行。（所見）

聞鼠尾風直捲人上半天，而不致害命。嘗有一人坐肩輿及兩輿夫被鼠尾捲去，自空而下，剛剛在樹杪，大呼救命，衆駭見而無如何。忽前輿夫力不支墜地，後輿夫亦尋墜，坐輿人彷徨四顧，半響，亦墜下，皆無恙。（所聞）

又聞人被鼠尾風捲上，只茫茫然不知所以然。既而風漸靜，則徐徐而下至地，呆立不動，片刻間，始能行。計所止之地，距騰空處，相去十餘里矣！（所聞）

按《台灣采訪册》〈詳異篇〉（六）鼠尾風條第一條所載，最初所描述的並未明言鼠尾曾否抵達地面，故可能是漏斗狀雲，同時出現許多漏斗狀雲，亦世所罕見。後來「鼠尾逼近，風暴遂起」，表示鼠尾已抵達地面，變成龍捲風。第二條及第三條記所見所聞之鼠尾風，就是龍捲風。

㈡焚風

大規模之氣流翻山越嶺而過時，因發生沉降增溫效應，所以會出現增溫攝氏二十至二十五度之風，稱爲焚風。台灣偶有出現焚風現象之機會。當颱風從台灣北部通過時，或者夏季西

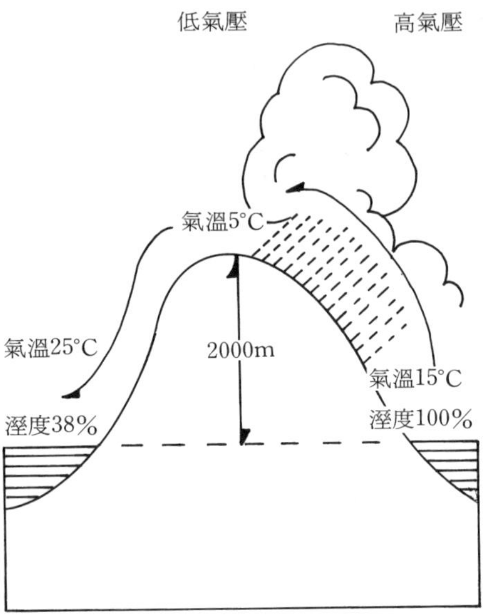

●焚風說明圖。

南季風特別強盛時，於台東附近，常發生焚風現象。颱風從南部或巴士海峽通過時，則在台中及台南附近地區發生焚風。當焚風溫度達攝氏三十九度以上時，可使樹葉枯乾，農作物枯死。民國三十一年六月七日，台東的焚風曾創下台灣歷年焚風之最高氣溫紀錄攝氏三十九・五度。民國十六年八月十九日台中之焚風亦出現達攝氏三十九・三度之高溫。

清朝時代，台灣先民對這種夏季出現的焚風現象早就已經有所認識，所以在早期的文獻中也就有所記載。例如乾隆十七年（西元一七五二年）王必昌在修《台灣縣志》卷二〈山水志〉時，曾錄海防同知孫元衡描述焚風之詩：「又有麒麟之颶火為妖，颱颱爚爚如焚燒。」民國九年，連雅堂在《台灣通史》卷三〈經營紀〉中就有以下關於焚風的記載：

乾隆十七年（西元一七五二年）秋七月（農曆）大風雨挾火而行，草木盡焦。

乾隆五十五年（西元一七九〇年）夏六月，大風挾火以行。

嘉慶十六年（西元一八一一年）夏六月十八夜，鳳山、東港海中發火，既而，大風火從小琉球嶼來，居民惶恐，熱氣蒸人，數刻乃退，木葉盡焦。

對焚風有較詳盡描述的是成書於嘉慶十二年（西元一八〇七年）謝金鑾所修《台灣縣志》

（註七）卷一〈地志・氣候（占驗附）篇〉中所載：

狂颷怒號，轉覺灼體，風過後，木葉焦萎如爇（焚），俗謂之麒麟颸，云風中有火，殊可詫異。（《海東札記》。亦見於道光十五年李元春所撰之《台灣志略》卷一〈氣候篇〉）

光緒初年成書的《台灣通志》（註八）〈疆域篇〉風潮條亦載：

內地之風，拔木發尾而止，台則千石巨舟，往往吹上田壠。有時風愈烈，燥愈甚，風過草木皆焦，名麒麟暴，謂風中有火云。（引自《東瀛識略》）

因為台灣的廟宇壁畫或雕刻的麒麟，四足帶有火焰，焚風使草木枯焦，猶如風中帶火，故以麒麟稱之。

㊂**海風**

因為台灣西半部有較廣濶的平原和盆地，加上日夜溫差大的影響，所以海陸風現象在台灣西南部和北部很明顯。對於這種海陸風，台灣先民很早就已經有所認識。康熙三十三年（西元一六九四年）高拱乾在《台灣府志》（註九）卷七〈風土志〉裡記載說：「曉東暮西，風之所自與中土（福建）又大異矣！」（成書於道光十五年之《台灣志略》（註十）〈氣候篇〉也說：「七、八月間，…風之所自，曉東暮西，與中土頓殊。」），說明台灣海陸風之風向和福建省不同。康熙五十六年（一七一七年）《諸羅縣志》（註十一）卷八〈風俗志〉氣候條首先稱海風為「發海西」。文曰：

天色晴爽，午後西風大作，謂之發海西。

康熙五十九年（西元一七二〇年）陳文述在修《台灣縣志》（註十二）時，也在卷一〈輿地志〉氣候條中說：

內地早西而晚東；台地則東風發於蚤（早）晨，近午而起西風，謂之發海西，若無西風，則天時不崇朝而變矣！

說明台灣清晨之東風乃係陸風，近午西風乃係海風。天氣晴朗時，海陸風即按時發生，如果海陸風當發而不發，則天氣將發生變化。乾隆元年（西元一七三六年）黃叔璥在《台海使槎錄》（註十三）卷一〈風信篇〉中又說：

內地之風早西晚東，惟台地早東風，午西風，名曰「發海西」，四時（季）皆然。

成書於乾隆二十四年（西元一七五九年）的《澎湖紀略》（註十四）卷一〈天文紀〉風信條說得更詳細，文曰：

澎台之風與內地相反而適相宜者，內地多早西晚東，惟澎台之風則早東午西，名曰發海西，四時皆然。台灣船隻來澎湖，必得東風方可揚帆出鹿耳門，澎湖船隻往台，必得西風才可進港。

指出了海陸風對航海之影響。成書於同治十年（西元一八七一年）的《淡水廳志》（註十五）卷十一〈風俗篇〉氣候條亦載：

淡地早東午西，名發海西，春夏時皆然。

到了道光九年至十年間（西元一八二九年——一八三〇年），林棲鳳、石川流、陳國瑛等人在《台灣采訪册》〈氣候占驗篇〉中對「發海西」與天氣變化的關係說明更詳細，文曰：

內地之風，早西晚東，天乃晴發，乃見晴霽。

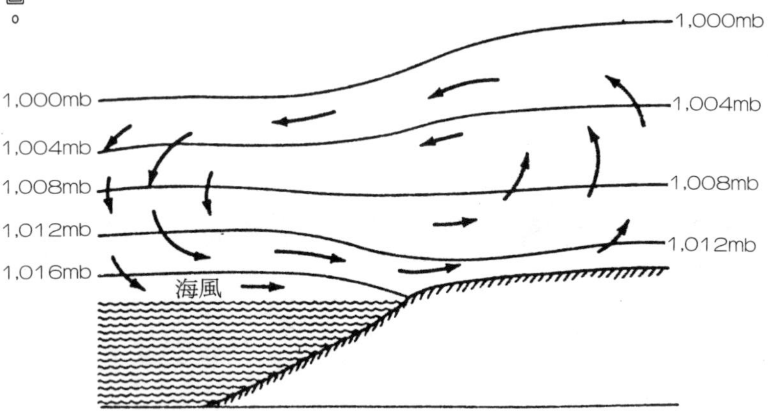

●海風說明圖。

不然，雖晴亦旋雨矣！陳睿菴詩云：早晚西東卜霽天，台中反見雨纏綿。

說明海陸風的出現是晴天的徵兆，如果沒有出現海陸風，則天氣即將發生變化。到了道光十五年（西元一八三五年），李元春在《台灣志略》卷一〈氣候篇〉中又提到「發海西」，文曰：

而台灣風信，與內地迴異，清晨必有東風，午後必有西風。

內容沒有《台灣采訪册》說得那麼詳細。

㈣西北雨

台灣先民對台灣北部的疾風驟雨，或者午後雷陣雨，稱爲「西北雨」，而且也有不少記載。早在清康熙三十三年（西元一六九四年），高拱乾就在《台灣府志》卷七〈風土志〉風信條中說：

五、六、七月間，風雨俱至，即俗所謂西北雨，風時雨也。（亦見於《福建通志》）

清高宗乾隆十七年（西元一七五二年），王必昌在修《台灣縣志》卷二〈山水篇〉時，也說：

凡疾風挾雨，驟至而驟止，俗呼爲西北雨，亦曰風時雨。（嘉慶十二年，謝金鑾修《台灣縣志》卷一〈地志篇〉；道光十五年，李元春撰《台灣志略》時，亦引用）

按前述西北雨，很可能是受颱風影響所造成之陣雨，亦可能是夏日午後之熱雷雨。

清穆宗同治十年（西元一八七一年），陳培桂在《淡水廳志》卷十一〈風俗篇〉中對「西北雨」，又有更詳細的解釋，文曰：

五、六月間（指農曆）盛暑鬱積，東南雲蒸，雷聞震厲，滂沱立至，謂之西北雨。蓋以東南風一送雨，仍歸西北也。此雨不久便晴，多連發三午。

很明顯地，這是指台北盆地夏日午後所出現之雷陣雨，故多連續出現三日下午。因爲從東南方移向西北方，所以又叫做西北雨。

㈤東北季風和「竹風蘭雨」

台灣北部冬半年，東北季風盛行，台灣先民稱之爲九降風（九降烏）。又由於地形的關係，在冬半年東北季風盛行期間，新竹的風特別多，蘭陽平原的雨日亦特別多，所以有「竹風蘭雨」之氣象諺語。

最早記載「九降風」的是清康熙三十三年（西元一六九四年）高拱乾在《台灣府志》卷七〈風土志〉風信條中所言：

> 九月則北風初烈，或至連月，俗稱爲九降風。

（道光九年成書的《噶瑪蘭廳志》（註十六）卷五〈風俗篇〉風信條亦載，並解釋說：「九月自寒露至立冬，常乍晴乍陰，風雨不時，謂之九降，又曰九月烏。」）

> 九月多九降也。

清康熙五十九年（西元一七二〇年）陳文述在修《台灣縣志》卷一〈輿地志風信篇〉時，亦載：

> 九月，北風凜烈，積日累月，名謂九降風。

乾隆十七年（西元一七五二年）王必昌在修《台灣縣志》卷二〈山水篇〉以及嘉慶十七年（西元一八一二年）謝金鑾在修《台灣縣志》卷一〈地志〉時，也曾經這樣記載：

> 九月風每經旬，或至閱月，是名九降。凡颶多挾雨，九降恆不雨而風，遙望外海，浪色如銀，播空疊出，名曰起白馬，舟不可行。又自寒露至立冬止，常陰晦，俗呼九月烏。

清宣宗道光十二年（西元一八三二年）周凱在《廈門志》（註十七）卷四附〈風信篇〉中也說：

> 九月天色晦冥，狂颷疊發，俗呼爲九降；或爲九橫。

清穆宗同治十年，陳培桂在《淡水廳志》中也說：

> 重陽前後三四日忌九廟風，亦曰九降風。

按重陽前後三四日與寒露之日期（國曆十月七、八、九日）相近，確爲東北季風開始盛行之時，風力常達六級，天氣陰晦，故俗稱九降風（九降烏）。

對於竹風蘭雨之記載，最早可追溯到清宣宗道光九年（西元一八二九年）《噶瑪蘭廳志》卷五〈風信篇〉中所描述之蘭雨，文曰：「蘭境風雨，冬月尤盛。」以及該書卷五〈氣候篇〉中所言：「蘭與淡水接壤，淡水冬多朔風，飛砂拔木；蘭則冬多淋雨，積潦成渠，蘭尤常陰翳連天，密雨如線，即逢晴霽，亦潮濕異常。蓋自淡水之返脚，至蘭之蘇澳一帶，海瘴山嵐，交釀濃露，日晡而泣，日出未消；値夜則霏霏如霰，邨舍園林，咫尺莫辨；茅檐日高，尙留餘滴；故常交霪爲雨，與通台氣候竟有不同。」

到了清穆宗同治九年（西元一八七〇年），陳培桂在《淡水廳志》卷十一〈風俗篇〉占驗條中，開始稱呼「竹風蘭雨」，文曰：「竹塹（新竹）多風，蘭地多雨，諺云竹風蘭雨。」民國二十二年連雅堂在《雅言》第九十二條〈竹風蘭雨〉條中解釋說：

竹風蘭雨：爲詩人讚美台北（廳）之景像，以新竹多風，宜蘭多雨也。

從此「竹風蘭雨」一諺遂名聞全台和東亞。

三／一般的氣象諺語

清初以來，台灣先民曾經累積了不少的氣象諺語，除了前述的幾條著名的特殊氣象諺語以外，他們還將颱風來襲之前兆現象，降雨前兆現象，雨後轉晴前兆現象編成氣象諺語，記載在清代的文獻上。茲將這些文獻上所記載的氣象諺語摘錄如下，並解釋在括弧中，以提供研

●「竹風蘭雨」之諺聞名全台。

究台灣史者參考。

(一)《裨海紀遊》(註十八)中的氣象諺語

康熙三十六年(西元一六九七年),郁永河撰《裨海紀遊》,其中卷上裡有以下之氣象諺語。

1.颶之尤甚者曰颱,颱無定期,必與大雨同至,必拔木壞垣,飄瓦裂石,久而愈勁;舟雖泊澳,常至虀粉,海上人甚畏之,惟得雷聲即止(此諺描述颱風之性質、破壞力之可怕,故舟人甚畏。言「得雷聲即止」,則不一定正確。)

2.颶驟而禍輕,颱緩而禍久且烈(颶爲鋒面通過後,強盛的東北季風,故驟而禍輕。颱爲颱風,故緩而禍久且烈)。

3.六月聞雷則風(颱)止,七月聞雷則風(颱)至(根據統計,本省確有六月雷多而颱少,七月雷少而颱多之情形。因爲六月太平洋副熱帶高壓甚強,颱風不易過來。七月鋒面南下時,有鋒面雷雨,颱風容易被吸引過來。所以也稱呼爲六月雷響止九颱,七月雷響九颱來)。

4.海上天無時無雲。雖濃雲靉靉,但有雲脚可見,必不雨。雲脚者,如畫家繪水口石,其下橫染一筆,爲水石之界者是也。無脚之雲,如畫遠山,但見山頭,不見所止。

(二)《台灣府志》中的氣象諺語

康熙三十三年(西元一六九四年),高拱乾在《台灣府志》卷七〈風土志〉風信條中記載了以下一些氣象諺語。

1.清明以後,地氣自南而北,則以南風爲常風。霜降以後,地氣自北而南,則以北風爲常風。若反其常,則颱颶將作,不可行舟(這是颱風之前兆,可供作預報之參考)。

2.南風壯而順,北風烈而嚴。南風多間(斷),北風罕斷(指夏半年西南季風較強,而且多間斷。冬半年東北季風較強,而且少間斷)。

3.風大而烈者爲颶(指冬春季的強烈風暴,包括南下的強烈冷鋒、颮線和寒潮在內),又甚者爲颱。颶常驟發,颱則有漸(有較長的演變過程)。颶或瞬發倏止,颱則常連日夜,或數日而止。大約正、二、三月發者爲颶,五、六、七、八月發者爲颱。九月則北風初烈,或至連月,俗稱爲「九降風」。間或有颱,則驟至如颶

（說明颶和颱的差別和出現季節之差異）。

4.天邊有斷虹，亦颱將至。止（只）觀一片（雲）如船帆者曰破帆，及半天如鱟（屬劍尾目的甲殼海生動物）尾者曰屈鱟，出於北方，又甚於他方也；海水驟變，水面多穢如米糠及有海蛇浮游於水面，亦颱將至（這些都是颱風的前兆現象）。

(三)《諸羅縣志》中的氣象諺語

康熙五十六年（西元一七一七年）撰成的《諸羅縣志》卷八〈風俗志〉中有以下之氣象諺語：「海風山嵐，交釀爲露，值夜霏霏如霰；邨舍山林，咫尺莫辨。茅簷日高，尚溜餘滴。故冬春無雨，二麥瓜菜不以爲病。又有紅日三竿，天氣清朗；忽陰翳溟濛，更爲濃露。變幻俄頃，殊不可測。（這是利用自然界的景像之變化來預測晴雨之諺語）

內山終歲不離雲（指台灣山地中終年雲量較多），或冪於頂，或橫於腰，惝怳飄渺（迷惘飄渺），莫窮其際。偶於侵晨片晌，翠黛筍簇，望之如洗；須臾即雲合矣。若日中雲收，峰巒可數，必不日而雨。海內之山，未有以清朗爲雨候者。（此亦爲利用自然界景像之變化來預測晴雨之諺語）

夏秋紅日當空，片雲乍起，傾盆立至。一日之內，陰晴屢變；或連月不開。冬春二時，或昧且霜飛，日中雨注；方在搖扇，旋苦寒風（冬春季期間，鋒面未通過之前，本省在暖區，故天氣較熱。鋒面通過後，寒潮爆發，故天氣轉寒）。客斯土者，寧過暖而無受寒，則邪氣不得而中之矣！」

按清仁宗嘉慶十二年（西元一八〇七年），謝金鑾在修《台灣縣志》卷一〈地志〉時，亦引用前文。

(四)《赤嵌筆談》中的氣象諺語

清世祖康熙六十一年（西元一七二二年）黃叔璥在《赤嵌筆談》（註十九）中記載有以下之氣象諺語：

洋船至澎湖，另一氣候，未至尚穿棉，一至則穿葛（漳州府志）。《廣東志》云：嶺南陰少陽多，故四時之氣，闢多於闔。一歲間溫暑過半，元府常開，毛腠不掩，每因汗溢即致外邪。又云：『盛夏士庶出入，率以青布裹頭。蓋南風爲厲，一侵陽明，則病不可起』，此地正相同。

「日色被體如灼，三日內必雨。日出時有雲蔽之，辰刻後雲漸散，必大晴。日初出即開朗，是日必不晴。暑月久晴，則不拘。日落時，西方有雲氣，橫亙天上，或作數十縷，各不相屬；日從雲隙中度過，是謂日穿經緯，來日大晴。或雲色一片相連，其中但有一、二點空竇，得現紅色，是謂金烏點睛，亦主晴。日落時，西方雲色黯淡，一片如墨，全無罅竇，又不見雲脚者，主來日雨。若雲色濃厚，當夜必雨。日落時，西北方雲起如層巒複嶂，重疊數十層，各各矗起，主大風雨山崩水溢之徵也，應在七日內。余三覩此雲，三遭大水矣（這是指春季和春夏之交，伴有雷雨之鋒面通過時，積雨雲造成之大雨和豪雨）。處近山及江滸水涯宜防之。五更雨，雞初鳴雨，天未明雨，天明已久雨，皆主是日苦雨不輟。晨起霧遮山脚主晴（濃霧兆晴天），雲罩山頭主雨（層積雨甚低，故罩住山頭，乃將雨之兆）。初雨如霧，雖沉晦，至午必晴。久雨後暫輟，猶見細雨如霧，縱令開朗，旋即雨至。諺曰：『雨前濛濛終不雨，雨後濛濛終不晴』（春季時，台灣西北部清晨偶出現濃霧中毛毛雨，此乃晴天之兆。在春季和梅雨季，鋒面徘徊於台灣北部海面和巴士海峽之間時，常常出現久雨後暫停之現象，但旋即再下雨）。久雨夜忽開霧，星月朗潔，主來日大雨（其理如前述）。若近暮經見紅光，然後見月，則晴（因爲雲層上升變薄，故現紅光，又因雲量減少，故兆晴）。久雨後，近暮遍天紅色，來日必晴（其理如前述）。俗云：『火燒薄暮天』（其理同前述）。虹霓朝見西方，辰巳必雨（西邊下雨，並出現虹霓，雲雨帶必自西方移來，故主雨）。虹霓申酉（下午四—六時）見，東方必晴（下午東方見虹，因雨區將東移，或因係午後雷陣雨，故主晴）。又斷虹兩頭不連者，俗呼破篷，雖見東方，來日不免風雨（乃颱風來襲之前兆）。諸山煙靄蒼茫，若山光透露，便爲風雨之徵（因雲層甚低，故主雨）。又饑鳶高唳，海鶴驚飛，則踰日必風（這是利用動物之行爲來預測天氣之一例）。春日晚觀西，冬日晚觀東，有黑雲起主雨，諺云：『冬山頭，春海口』（春季鋒面和雲雨帶常常自閩粵移來，故要看西方有沒有黑雲出現。冬季台灣低壓發展時，在台灣西半部往東方看山頭，如果但見黑雲覆蓋山頭，則主雨）（以上乾隆十七年王必昌修《台灣縣志》，嘉慶十二年謝金鑾修《台灣縣志》，道光九年陳淑均所撰之《噶瑪蘭廳志》，道光十五年李元春之《台灣志略》，清穆宗同治十年陳培桂所修之《淡水廳志》都曾加以引用）。

「六月有雷則無颱，諺云：六月一雷止三颱，七月一雷九颱來。」（此諺係由康熙三十六年郁永河《裨海紀遊》中之「六月聞雷則風止，七月聞雷則風至」演變而來，兩者意義相同）。

「台邑春日雨澤獨少，鐵線橋以北，大雨滂沱，橋南無滴。」（台邑指台灣西南部地區。冬半年台灣西南部雨水甚少，有鋒面過境，或華南對流雲東移至台灣地區時，台中以北地區常常大雨滂沱，台中以南則無雨）。

㈤王必昌修《台灣縣志》中的氣象諺語

乾隆十七年（西元一七五二年）王必昌在修《台灣縣志》時，曾在卷二〈山水篇〉中收錄不少占候用氣象諺語，全文如下：

1.凡日月暈缺，主大風。晡時日暈，有氣下垂，當夜多風。夜間星粒動搖，太白光芒炯爍，燈炧（燭）焰明，來日必風。……若春夏二季，天氣鬱蒸，雷轟電掣，秋冬二季，午後聞雷，皆有大風。

2.時憲書載：日值箕、壁、翼、軫四宿管局，俱主風。

3.占風必先看雲。海上之天，無時無雲。雲片相逐飛颺，或雲脚紅赤，必有大風。雲行舒遲，雲脚拖帶不盡，風猶未起。雲脚起盡，仰見天色青白，風必漸和（雲脚如畫家畫水口石，其下橫染一筆，爲水石之界者，是也。無脚之雲，如畫遠山，但見山頭，不見所止）。夏曰晡時（下午三、四時）有黃雲，次日必風；如黃雲一條直上，主次日有倏忽惡風一刻，更宜愼防。又日晡時黑雲一片捧接日下，當夜必風；

或如層巒複嶂，起西北方，重疊數十層，各各矗峙，主大風雨，應在七日之內（引自《赤嵌筆談》）。若見黃沙如春天之落霧，東西南北皆黃，則次日或當夜有惡風，遲不出三日雲氣似箭，冲射北斗，必有大風。

㈥《台灣采訪冊》中的氣象諺語

清宣宗道光九—十年間（西元一八二九年—一八三〇年）林棲鳳、石川流等人在《台灣采訪冊》〈氣候占驗篇〉中，除了論述海陸風和天氣變化的關係外，還記載了以下之氣象諺語。

1.太陽未出，將晨之先，東方有黑雲如旗幟、山峯各形，應即日內未申時（下午一至四時）有雨。

2.拂曉東方有黑氣隨太陽上下，應巳午時（中午）雨。未申時隨太陽，應酉戌時（下午五—八時）雨。

3.久雨後破曉忽然開霽，主大雨。惟午後開霽，乃主晴。諺云：早日不成天。

4.夏天忽然炎蒸之氣逼體難堪，當日內主雨（指夏日午後雷陣雨）。

5.台地遇旱，每日多有雲氣垂陰，若作雨意，然主晴。諺云：旱天多雨意（因為雲層過薄，故未能下雨）。

6.台地多震，久晴遇震必雨，久雨遇震必晴。

7.台地日暈主雨，月暈主晴。諺云：日圍箍被雨渥（霑），月圍箍被日暴。

8.台地冬至日雨，年底主晴（不一定正確）。明霽主雨。諺云：冬節紅，年冥濛。冬節烏，年冥酥。

9.夕陽時，西方有黑雲疊嶂排空而起，主是夜雨，或三日應之（顯示春季西北方有鋒面南下，或西方積雨雲正移向台灣，故主雨）。

四／結　語

由本文之論述，可知明末清初以來，台灣先民對台灣氣象和氣候有深刻的認識和瞭解，所以曾經留下不少的氣象諺語。這些氣象諺語有的純係經驗之談，有的則符合現代氣象學原理，所以值得吾人加以整理、研究，俾去除不合理之部分，摘取合理的部分，提供吾人應用和參考。

附註

註　一：見宋代李昉所編《太平御覽》卷七八〇東夷總敍。

註　二：魏徵等，《隋書》，共八十五卷。

註　三：汪大淵，《島夷誌略》，編於元順帝至正年間。

註　四：連横，《台灣通史》，一九一八年撰，共卅六卷。

註　五：王必昌，《台灣縣志》，共十五卷。

註　六：林棲鳳等，《台灣采訪冊》，共八十一條，在台灣叢書第一輯第十一冊。

註　七：謝金鑾，《台灣縣志》，共八卷。

註　八：陳文騄、蔣師轍等，《台灣通志》，不分卷。

註　九：高拱乾，《台灣府志》，共十卷，台灣叢書第一輯第一冊。

註　十：李元春，《台灣志略》，共二卷，台灣文獻叢刊第十八種。

註十一：周鍾瑄、李欽文等，《諸羅縣志》，共十二卷，在台灣叢書第一輯第二冊。

註十二：陳文述，《台灣縣志》，共十卷，在台灣叢書第一輯第二冊。

註十三：黃叔璥，《台海使槎錄》，共八卷，在叢書集成初編第三二三一—三二三二冊。

註十四：胡建偉，《澎湖紀略》，共十二卷，在台灣文獻叢刊第一〇九種。

註十五：陳培桂，《淡水廳志》，共十六卷，在台灣叢書第一輯第九冊。

註十六：陳淑均，《噶瑪蘭廳志》，共八卷，在台灣文獻叢刊第一六〇種。

註十七：周凱，《夏門志》，共十六卷，在中國方志叢書第八十號。

第十八：郁永河，《裨海紀遊》，共三卷。

註十九：黃叔璥，《赤嵌筆談》，共四卷。在《台海使槎錄》內列為第一～四卷，《台海使槎錄》完成於乾隆元年（一七四一年）。

狂風驟雨朝夕遷

——台灣先民的災變天氣紀錄

一／前言

凡是對我們人類、動植物、農業生產、工業生產，以及經濟建設等，會造成不利影響的天氣，例如旱災、水災、寒流、狂風、久雨、暴雨（豪雨）、霜凍、乾熱風、熱浪、焚風、冰雹、暴風雪、雷電、龍捲風、颱風等，都是災變天氣。災變天氣和農工業生產，尤其是農業生產的關係十分密切。災變天氣常常會嚴重地影響許多農作物的生長、發育、開花、結果和收穫。例如長期乾旱，會使農作物枯死。豪雨會造成洪水泛濫，堤防崩潰，釀成水災，淹沒農田和農作物。颱風會折斷樹木、毀壞農作物。寒流會凍死果樹、農作物和虱目魚等。因此台灣先民和現代人類一樣，非常重視災變天氣。

台灣位於熱帶北緣和副熱帶南半部，介於世界最大的海洋——太平洋和最大陸地——歐亞大陸之交滙處，又有南北縱走的高山峻嶺，海拔五百公尺以上的山地面積占全島面積的一半。因此，天氣變化十分複雜，一年四季，除了暴風雪不出現在平地以外，其他各種災變天氣經常出現，使台灣之農工生產、經濟建設、

●颱風來襲，經常帶來狂風暴雨。（劉還月／攝影）

生命財產等造成重大的損失。所以清朝時代台灣先民在開發台灣、建設台灣的過程中，非常注意這些災變天氣的出現，並將它們記載在文獻上。茲將這些文獻上所記載的災變天氣縷列如左，並約略加以分析。

二／《台海使槎錄》中的災變天氣紀錄

清高宗乾隆元年（西元一七三六年），黃叔璥在《台海使槎錄》卷四〈雜著〉（前四卷屬於《赤嵌筆談》）中曾經記載三則災變天氣如下：

(一)康熙壬寅（康熙元年，西元一六六二年）七月（農曆）十八日巳、午，颱風大作，迅烈異常，更兼暴雨傾注，縣治民舍營房，多被摧折，幸兵民人口尚無壓斃，芒蔗及早稻成實者，亦間有損傷。

按這是記載康熙元年夏八月（國曆），侵襲台灣南部之強烈颱風，故迅烈異常，暴雨傾注，房屋多被吹倒，甘蔗和早稻有所損失，幸無人死亡。

(二)雍正癸卯（雍正元年，一七二三年）七月十六日至二十日，颱風驟雨，發作無節，澹水（淡水）數處民田，衝陷兩次。

按這一年夏季八月（國曆）過境之颱風，暴風圈甚大，故風狂雨驟，前後持續有五天之久。

(三)康熙辛丑（康熙六十年，西元一七二一年）五月二十八日，大雨如注，六月六日始晴，山摧川溢，溪澗閼塞，田園沙壓。

按這是指康熙六十年五月二十八日——六月六日期間，台灣地區所出現之梅雨，因爲大雨如注，霪雨前後持續有九天之久，所以造成山崩和洪水泛濫，溪澗阻塞，田園被沙土所埋沒。這種梅雨期間，豪雨和洪水所造成的氣象災害，和今日梅雨期間所出現的豪雨災害相同。

三／《重修台灣府志》中的災變天氣紀錄

清高宗乾隆六年（西元一七四一年）劉良璧在《重修台灣府志》卷十九〈雜記〉（詳異叢談外島附）中記有以下之氣象災害：

(一)康熙二十二年（西元一六八三年）十一月

雨雪，冰堅寸餘（台灣土氣熱，從無霜雪）

按台灣平地常年隆冬並不下雪，只有特強寒潮南下，水汽充足時，才會下雪。康熙二十二年十一月（農曆）下雪，而且冰堅寸餘，實屬罕見，所以劉良璧加註說：「台灣土氣熱，從無霜雪。」以示該年下雪之不尋常。

㈡康熙三十年（西元一六九一年）八月，大風，民居損壞，船隻飄碎。

按這是盛夏侵台之颱風，所以使得「民居損壞，船隻飄碎」。

㈢康熙五十四年（西元一七一五年）九月，大風。

按常年農曆九月，颱風侵台之機會極少，故該年九月出現之大風，可能是鋒面過境後引起之大風，故無災情報告。

㈣康熙六十年（西元一七二一年）八月十三日夜，大風，天盡赤。提督施世驃駐兵郡城，營盤飄倒，民居傾壞，港內船隻碎甚多，民兵多壓死。註：是日颶風大作，雨大如注，火光閃閃灼天，發屋碎舟，營盤傾倒，官哨商漁船俱覆，軍民溺死無數。

按這是康熙六十年八月十三日晚上，颱風侵襲台南和安平港之情況，「火光閃閃灼天」，「天盡赤」，表示晚上曾經出現雷雨。

㈤乾隆三年（西元一七三八年），秋，台、鳳二邑（指台灣府和鳳山縣）風災，事聞：台灣府被災田園七千六百餘甲，豁（捐除）粟二萬一千五百餘石。鳳山被災田園六千八百餘甲，豁（捐除）粟一萬四千四百餘石。

按這是記載乾隆三年秋天，颱風侵襲台灣南部時，田園和農作物受損之情形。

㈥乾隆五年（西元一七四〇年）六月二十二日至二十五日，諸羅邑鹽水港，颱風淋雨，被水淹倒倉廒二十四間，浸粟一萬五千餘石，居民損壞，官賑銀二百兩。

按這是記載乾隆五年六月二十二日至二十五日，颱風侵襲鹽水港時，民間遭受損失之情形。

四／《台灣通史》中的災變天氣紀錄

民國七年連橫在撰《台灣通史》（上冊於民國

九年出版，下册於民國十年出版）時，曾在卷三〈經營紀〉中收錄了所有清朝時代台灣之災變天氣紀錄。茲將這些災變天氣紀錄縷列如下，並約略加以分析。

(一)康熙二十二年冬十一月，雨雪，堅冰寸餘。

按此與《重修台灣府志》中所記載者相同。

(二)康熙三十年秋八月，大風，壞屋碎船。

按此與《重修台灣府志》中所記載者相同。

(三)康熙五十三年（西元一七一四年）秋大旱。

(四)康熙六十年（西元一七二一年）八月，大風壞民居，天盡赤，軍民多溺死，詔蠲（免除之意）徵穀，發帑振恤。

按此與《重修台灣府志》中所記載者相同。

(五)乾隆三年（西元一七三八年）秋，台諸二縣風災，詔蠲（免除）丁糧。

按此與《重修台灣府志》中所記載者相同。

(六)乾隆五年（一七四〇年）閏六月，大風雨四日始息，鹽水港被災尤烈，發帑二百兩以振。

按此與《重修台灣府志》中所記載者相同。

(七)乾隆十年（一七四五年）秋八月，澎湖風災（指颱風），詔發內帑六百兩以振。

(八)乾隆十四年（一七四九年）秋七月，大雨水（豪雨），台灣縣屬（本省中部地區）田園多陷。

(九)乾隆十五年（一七五〇年）七月，大雨水。八月，大風（颱風）碎船壞屋，知府方邦基溺於南日。

(十)乾隆十七年（一七五二年）秋七月，大風挾火而行，草木盡焦，文廟櫺星門圮。

按這是指焚風，使得「草木盡焦」。

(十一)乾隆十八年（一七五三年）秋八月，大風（颱風）損禾。

(十二)乾隆十九年（一七五四年）九月，諸羅大風（颱風）損禾。詔緩徵粟，發倉振濟。二十年（一七五五年），詔免諸羅縣十五年被水田賦。

(十三)乾隆二十二年（一七五七年）冬十二月，澎湖大風，哨船多沒。

按這是指鋒面過境後，強烈寒潮爆發所帶來的強風，「哨船多沒」，可見冬季澎湖之東北季

●焚風使得草木盡焦。

風有時甚爲強勁，風勢之強不下於颱風。所以造成許多船隻沈沒。

㈣乾隆二十三年（一七五八年）冬十月，諸羅大風雨三日，晚稻多損，詔緩徵粟。

按此可能是台灣低壓在台灣北部和東部近海面上發展時，所造成的災變天氣。也可能是颱風來襲時造成的天氣，但是冬十月，颱風侵台之機會極少。

㈤乾隆三十年（一七六五年）秋九月，大風碎船。

按此可能是強勁之東北季風和颱風外圍環流合流所造成的結果。

㈥乾隆三十一年（一七六六年）秋八月，大風碎船。

㈦乾隆三十七年（一七七二年）秋七月，大水（豪雨成災）。

按此可能是受到颱風影響所造成之天氣。

㈧乾隆四十九年（一七八四年）秋八月，大風雨，壞風碎船。

按這是颱風所造成的災害。

(十九)乾隆五十三年（一七八八年）春二月，淡水大雨雪。饑，斗米千錢。

按這是特強寒流南下，空氣中之水汽又十分充份時，所造成的下雪天氣。是年還發生旱災，造成饑荒，以致斗米千錢。

(廿)乾隆五十五年（一七八〇年）夏六月，大風雨挾火以行，滿天盡赤，毀屋碎船，澎湖尤烈。

按這是指颱風來襲時，有焚風現象出現，故言「大風雨挾火以行」。

(廿一)乾隆六十年（一七八五年）七月，淡水大水（豪雨成災）。

(廿二)嘉慶元年（一七九六年）秋，大風雨（颱風），晚稻多損。詔曰：「台灣地臨海洋，颶風常有，此次風勢猛烈，致損禾稻，刮倒房屋，壓斃人，殊堪憫惻。」

(廿三)嘉慶十六年（一八一一年）六月十八日夜，鳳山東港海中發火，既而，大風火從小琉球嶼來，居民惶恐，熱氣蒸人，數刻乃退，木葉盡焦。

●龍捲風所過之處，屋瓦盡撤。

按這是指發生在東港一帶之焚風，故造成「木葉盡焦」現象。

(廿四)嘉慶十八年（一八一三年）秋七月，澎湖大風（颱風），海水驟漲五尺餘，壞屋覆船。

(廿五)嘉慶二十年（一八一五年）冬十二月，淡水雨雪，堅冰寸餘。

按這是特強寒潮造成的下雪天氣，形成寸餘之堅冰。

(廿六)嘉慶二十二年（一八一七年）八月，澎湖大風（颱風）。

(廿七)嘉慶二十五年（一八二〇年），淡水（廳）大旱。秋疫。

(廿八)道光二年（一八二二年）夏六月，大風雨（颱風雨）。七月，淫雨兼旬不霽，曾文溪各水溯漲而出，泥積台江，遂成平陸。

按是年七月（農曆）淫雨十日不晴，乃颱風過後，旺盛之西南氣流源源而來，間熱帶輻合區一直在台灣徘徊不去之結果。

(廿九)道光十二年（一八三二年）秋八月，大風雨（颱風雨），近海田廬多沒。

(卅)道光三十年（一八五〇年）夏六月，淡水（指淡水廳）大水（豪雨成災）。

(卅一)咸豐二年（一八五二年）夏六月，澎湖大風（颱風），台灣鄉試之船溺於草嶼。

(卅二)咸豐三年（一八五三年）六月，大風雨（颱風雨）。

(卅三)咸豐五年（西元一八五五年）十二月，淡水雨雹。

(卅四)咸豐七年（西元一八五七年）正月，淡水大雪。

(卅五)咸豐十年（西元一八六〇年）八月，澎湖大風（颱風），下鹹雨。壞屋覆船。

(卅六)同治六年（西元一八六七年）十一月，淡水大水（豪雨成災），壞屋殺人。

(卅七)同治十年（西元一八七一年）秋八月，大風（颱風），船舶多碎。

(卅八)光緒二年（一八七六年）四月，澎湖大風。

按此大風可能是梅雨鋒面接近時，所形成的西南大風。

(卅九)光緒三年（一八七七年）六月，台南旋風，所過之處，屋瓦盡撤。

按此旋風係指夏季出現於嘉南平原上之龍捲風。

㈣光緒四年（一八七八年）春，澎湖大風。

按此大風可能是強烈寒潮爆發期間，所出現的強勁東北季風。

五／結語

由以上之分析，可知自清康熙元年（一六六二年）至光緒四年（一八七八年）的兩百一十六年中，台灣共有四十六次災變天氣紀錄，其中康熙時代有六次，雍正時代有一次，乾隆時代有十九次，嘉慶時代有六次，道光時代有四次，咸豐時代有五次，同治時代有兩次，光緒時代有三次。以災變天氣性質而論，颱風災害共有二十二次，龍捲風一次，雨災共有九次，平地下雪共有四次，旱災共有三次，焚風共有三次，降雹僅一次，強勁東北季風兩次，強勁西南季風一次。證明台灣近代之災變天氣性質和現在相同。台灣先民所留下來的這些災變天氣紀錄，也是台灣先民留下來的寶貴文化遺產，值得吾人加以分析研究。

刮風飄雨學問大

——日據時代台灣氣象史

一／前言

氣象與軍事、航海、航空的關係都非常密切，日人據台以後，即企圖向南擴張軍事勢力，侵佔南洋，而台灣因位據東北亞和南洋之要衝，所以台灣即成爲日人南侵南洋之踏脚石。因此日人據台以後對台灣的氣象建設非常重視，在短短的五十年中，即在台灣建立了一個相當完整的測候站網，給後來的台灣氣象事業帶來了良好的基礎。

關於日人在台經營氣象事業的經過，本文作者曾經在拙著《中華氣象學史》（註一）一書中略加提及，先前陳漢光先生在〈台灣氣象研究之回顧〉（註二）一文中也曾經略加敍述到，但是內容都太過簡略，申論亦少。茲搜集更多的資料加以整理，分成日人在台經營氣象台站的經過、台灣總督府氣象台的編制以及氣象預報、颱風警報之發佈情況、氣象人員的培養情況、氣象學術的研究成果、歧視台胞的鐵證等節，分別論述如下。

二／日人在台經營氣象台站的經過

早在清光緒十一年（西元一八八五年），劉銘傳撫台時，基隆、淡水、安平、高雄、漁翁島（西嶼）、鵝鑾鼻等地海關燈塔內，附設有氣象觀測站，按時觀測，並逐日向香港氣象台及上海徐家匯氣象台作氣象報告，如是者十有餘年。當時觀測人員缺乏訓練，所以儀器極爲簡單，除鵝鑾鼻測站設有舊式自記風速儀及康培爾日照計等較佳儀器外，其餘各測站之設備均較差，故氣象觀測紀錄之可靠性十分令人懷疑。當時的氣象紀錄除一部分存在徐家匯氣象台及香港天文台外，其餘皆已蕩然無存。

清光緒二十一年（西元一八九五年），甲午戰爭清朝戰敗，是年四月簽訂馬關條約，台灣割讓日本，六月台灣總督府設於台北，香港天文台遂透過英國駐日大使向日本政府要求，繼續過去之慣例，向香港天文台供應氣象報告。是年十一月廿七日起，日人使用清廷所留下來的氣象儀器觀測後，由淡水海關每日向香港天文台拍發兩次氣象報告（經由海底電纜）。並由漁翁島（今日之澎湖西嶼）每月向香港天文台拍發氣象月表一次。次年（西元一八九六年）法國駐日大使亦向日本政府提出相似的要求，由淡水海關每日向徐家匯氣象台拍發兩次氣象報告（註三）。

清光緒二十二年（西元一八九六年），台灣總督府在台北設立台北測候所，派近藤久次郎兼任所長，隸屬於民政局通信部海事課，是爲台灣全島之氣象中樞機關，除進行一小時氣象觀測外，並負責天氣預報和颱風警報之發佈事宜。同年，又於台中、台南、恒春、澎湖等四地設立測候所，每日作六次氣象觀測，除向台北測候所報告及供應氣象觀測資料、臨時颱風警報、氣象觀測月報及年報以外，並作地方性之天氣預報。到清光緒二十八年（西元一九〇二年），又增設台東、花蓮兩測候所，是爲台灣東部地區設立測候站之始。當時以台北測候所設備最好，到民國四年，該所已有雨量計、蒸發計、溫度計、濕度計、氣壓計、最高最低溫度計、地中溫度計、風向風速儀、報時球、氣象預報球（有暴風、揭圓球；大暴風、揭三角球）等。

民國十四年（西元一九二五年），台北測候所所長近藤久次郎以年老去職，所長一職遂改由寺內員吉繼任。民國十八年（西元一九二九年）因環境之需要，在高雄設高雄海洋觀測所，民國廿一年（一九三二年）設阿里山高山測候所，並派西村傳三博士繼任台北測候所所長職務。民國廿三年（一九三四年）台北測候所改稱爲台北觀測所，繼續由西村傳三任所長。民國廿四年（一九三五年）設立彭加嶼與宜蘭兩測候所，以及台北市松山飛行場（機場）出張所（即台北觀測所松山機場分所）、民國廿五年（一九三六年）設新竹測候所，民國廿六年（一九三七年）設大屯山出張所（分所）（註四），至此台灣測候網之分佈可謂規模粗具。

自台灣航空事業日益發展後，台灣氣象觀測和預報資料之需要與日俱增，日人遂於民國廿七年（一九三八年）八月將台北觀測所改制爲台灣總督府氣象台，直隸於總督府，統轄全台氣象設施，仍以西村傳三爲台長，下設庶務課和業務課分掌一切氣象業務。是年，紅頭嶼（蘭嶼）測候所，大武、新港出張所、宜蘭、台中、台南、台東、花蓮港各飛行場出張所相繼成立。民國廿八年（一九三九年）設新南群島（今日之南沙群島）測候所，廿九年（一九四〇年）設日月潭出張所，三十年（一九四一年）設淡水飛行場出張所，卅一年（一九四二年）設新高山（玉山）山岳測候所，卅二年（一九四三年）設西沙群島出張所，從此台灣本島及附近測候機構已遍佈矣。此時，在台北之總督府氣象台已設有高空測站，施放無線電探空儀以觀測高空氣象。

三／台灣總督府氣象台的編制以及氣象預報、颱風警報之發佈情況

日人於民國廿七年八月所改制的台灣總督府氣象台，乃日據時代末期日人統轄台灣各地測候所和氣象事業之中樞機構，故台內氣象專家和技術人員不少，以民國廿八年底爲例，當時台長爲技師西村傳三博士，下設庶務課和業務

課，庶務課有課長兼書記一人，書記二人；業務課課長由西村傳三兼任，另有技師（相當於今日之技正）四人，技手（相當於今日之技士）一九人。台北飛行場出張所技手一人；新港出張所所長兼技手一人，技手一人；大武出張所所長兼技手一人，技手一人；宜蘭測候所所長兼技手一人；彭佳嶼測候所所長兼技手一人，技手一人；新竹測候所所長兼技師一人，技手一人；台中測候所所長兼技手一人，技手二人；台南測候所所長兼技手一人，技手一人；阿里山測候所所長兼技師一人，技手一人；高雄測候所技手一人；恒春測候所所長兼技手三人；澎湖測候所所長兼技手一人；台東測候所所長兼技士一人，技手二人；花蓮港測候所所長兼技手一人，技手三人（註五）。以上合計技師有七人，技手五八人，書記三人，這些氣象人員清一色爲日本人，無任何一位台灣同胞擔任氣象工作。到了民國卅三年以後，氣象人員增加到二八〇人。由於太平洋戰爭的關係，日本人才逐漸缺乏，所以才容許台胞加入氣象行列，當時，台籍氣象人員計五十五人，韓籍氣象人員則僅三人。

業務課掌理一般氣象觀測、調查、報告及研究等事項，航空氣象觀測、調查、報告及研究等事項，產業（農漁林業）氣象及衛生氣象觀測、調查、報告及研究等事項，高空氣象觀測、調查及研究等事項，天氣預報、暴風雨警報、鐵路氣象之發佈、航空氣象通報之有關事項，海上氣象通報及漁業氣象通報之有關事項，有關長期天氣預報及季節性預報之調查和研究事宜，地震、地動、及火山之觀測、調查、報告及研究事項，長浪之觀測、調查、報告及研究之有關事項，地磁、地電、日照之觀測、調查、研究等事項，有關海洋觀測、調查、報告及研究等事項，有關氣象及地球物理研究事項，氣象儀器之檢定、調查、修理以及校正用儀器之保存事項，有關氣象統計之事項，有關氣象技術官指導之事項，天文觀測、曆書之編製、時間的測定、報時及標準時鐘之檢定等（註六）。

可見當時氣象台業務課所掌管的業務相當廣

泛，舉凡氣象、地球物理、地震、海洋、天文等工作皆包括在內。今日台北市之中央氣象局所掌管之業務乃沿襲數十年前日人之組織規程而來。

至於當時庶務課所職掌之業務爲員工進退之管理及身份之保密事宜、有關監印及公文文書事項、有關會計及出納事項、有關氣象知識及防災觀念之普及事項、其他總務事項。可見當時之庶務課相當於今日人事室、行政課、會計室及總務室之綜合體。

台灣總督府氣象台還制定有天氣預報、氣象特報及暴風（雨）警報規程（註七），將台灣地區分成六個氣象區，其中第一氣象區（北部）又分成四個小氣象區，第二至第四氣象區又各分成三個小氣象區，第五、六氣象區則未區分小氣象區，各小氣象區分別由各地氣象台及測候所負責各地區之天氣預報、氣象特報及暴風警報（見表一）。

表一　日據時代台灣之氣象區及小氣象區劃分表

氣象區	小氣象區	負責之氣象機構	負責之區域
第一區（北部）	台北	台北氣象台	台北市、基隆市（彭佳嶼除外）、七星郡、淡水郡、文山郡、海山郡、新莊郡
	宜蘭	宜蘭測候所	宜蘭郡、羅東郡、蘇澳郡
	彭佳嶼	彭佳嶼測候所	彭佳嶼
	新竹	新竹測候所	新竹州

第二區（東部）	花蓮港	花蓮港測候所	花蓮港廳
	台東	台東測候所	台東廳（蘭嶼除外）
	紅頭嶼（蘭嶼）	台東測候所	蘭嶼
第三區（西部）	台中	台中測候所	台中州
	台南第一區	台南測候所	嘉義市、嘉義郡、斗六郡、虎尾郡、北港郡、東石郡
	阿里山	阿里山測候所	台南州內之山地地區
第四區（南部）	台南第二區	台南測候所	台南市、新豐郡、新化郡、曾文郡、新營郡、北門郡
	高雄	高雄測候所	高雄市、屏東市、岡山郡、鳳山郡、旗山郡、屏東郡、潮州郡、東港郡
	恒春	恒春測候所	恒春郡
第五區（澎湖）	澎湖	澎湖測候所	澎湖廳
第六區（新南）	新南（南沙群島）	高雄測候所	新南群島（南沙群島）

其規程並規定天氣預報分一般（普遍）天氣預報及地方性天氣預報兩種，一般天氣預報係

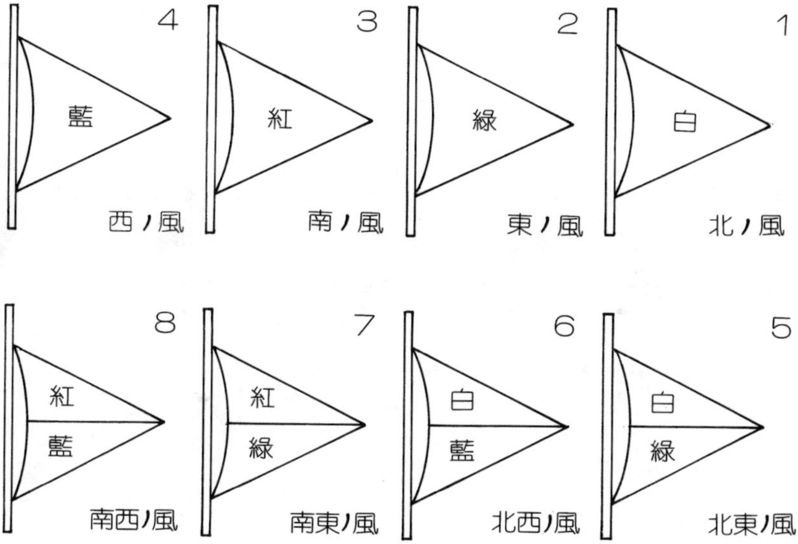

●日據時代風向預報的標示。

由台北氣象台就各氣象區次日之天氣大勢加以預報之謂，於每日上午十一時以前發出，必要時並發出修正預報。地方性天氣預報係由各小氣象區之測候所就各小氣象區當日及次日之天氣加以預報者，於每日下午及午夜零時以前發出，預報「今晚」及「明日」之天氣；必要時並發出修正預報，如於夜間發出，則預報「明日」及「明晚」之天氣。

氣象特報則爲各氣象區有豪雨及特殊之風雨出現時，由氣象台發出者。暴風警報則爲各氣象區遇有颱風侵襲時，由氣象台發出者，內容包括颱風可能侵襲的時間，可能造成的災害，應如何防範等，並隨時報告颱風之動態，勢力之消長等資料。

天氣預報、氣象特報及暴風警報之信號標示亦有規定，由氣象台及所屬各測候所按照規定實施。天氣預報信號標示有風向的預報、天氣的預報、寒熱的預報三種；使用三角旗的顏色區分各種風向，白色代表北風，綠色代表東風，赤色代表南風，藍色代表西風，上白下綠代表

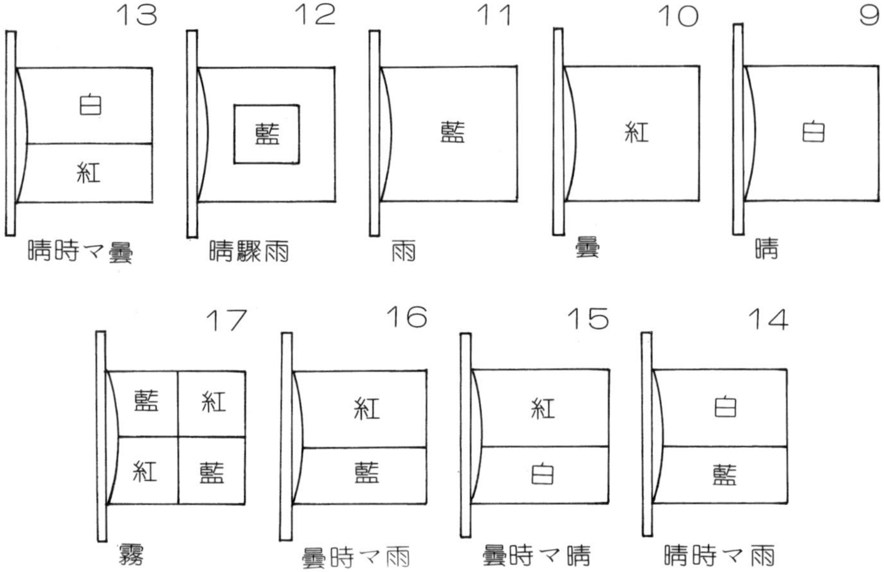

●日據時代天氣預報的標示。

東北風，上白下藍代表西北風，上赤下綠代表東南風，上赤下藍代表西南風。使用長方形旗幟的顏色區分各種天氣，全白代表晴天，全赤代表陰天，全藍代表雨天，外白內藍表示晴偶陣雨，上白下赤代表晴時多雲，上白下藍代表晴偶有雨，上赤下白代表多雲時晴，上赤下藍代表多雲偶陰小雨，左上右下藍色，左下右上

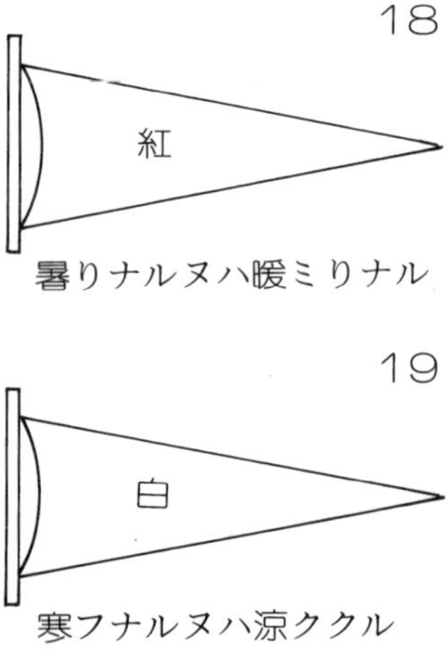

●日據時代寒熱預報之標示。

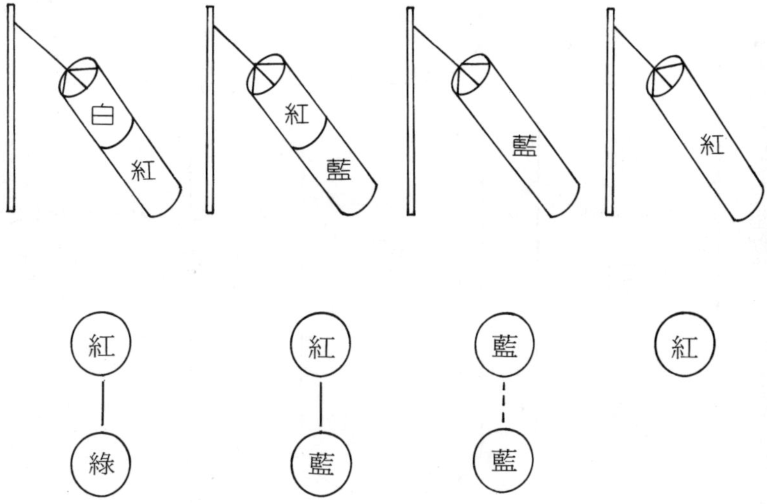

●日據時代氣象特報之日間標示(上)及夜間標示(下)。

赤色代表有霧。寒熱變化之預報則用長條形三角旗之顏色標示，全赤代表炎熱或轉暖，全白代表寒冷或轉涼。

天氣預報的夜間信號標示則以白燈、橙燈、藍燈三種燈配合使用，白燈代表晴，橙燈代表多雲，藍燈代表雨，上白燈下橙燈代表晴後多雲，上白燈下藍燈代表晴後雨，上橙燈下白燈代表多雲後晴，上橙燈下藍燈代表多雲後雨，上藍燈下白燈代表雨後晴，上藍燈下橙燈代表雨後多雲。

至於氣象特報信號標示後使用風向袋，全赤色代表風勢甚強，全藍代表雨勢甚大，上紅下藍代表風雨增強，上白下赤代表海上風勢甚強。晚上則使用有色燈標示，一個紅燈代表風勢甚強，兩個藍燈代表雨勢甚大，上紅燈下藍燈代表風雨增強，上紅燈下綠燈代表海上風勢甚強。

遇有颱風來襲時，暴風(颱風)警報之日間標示使用有色圓筒，赤色代表海上陸上颱風警報，上下綠中間白代表海上颱風警報。晚上之

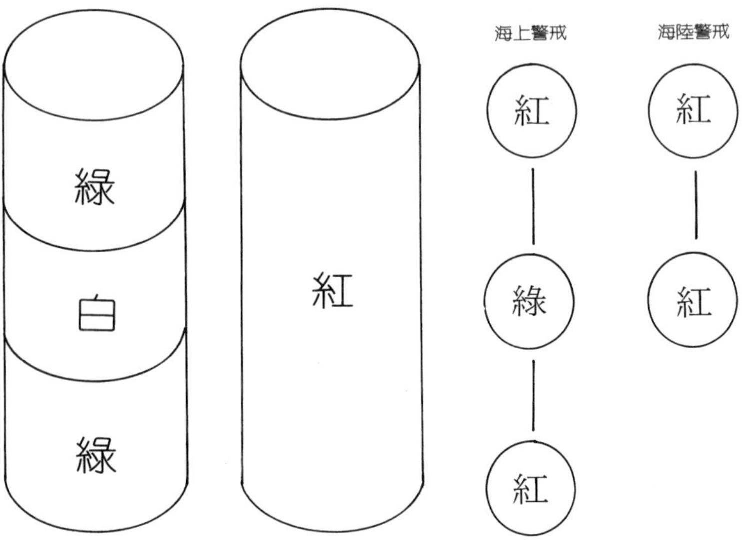

●日據時代颱風警報之日間標示（左）及夜間標示（右）。

颱風警報則使用有色燈標示，上下紅燈各一代表海上陸上颱風警報；上下紅燈各一個，中間綠色一個代表海上颱風警報。

四／氣象人員的培養情況

日據時代的台北帝國大學僅在農學部裏開有農業氣象學課程，並沒有氣象學系培養氣象人才，因此台灣總督府氣象台爲了培養氣象台及各測候所氣象人員，設立測候技術官養成所，由西村傳三任所長，招考年齡十七歲以上，二十五歲以下，品行優良，身體康健之高中畢業生，或專門學校（專科學校）入學考試及格之青年，施以有關氣象觀測之知識及技術一年(三學期）的訓練，訓練之科目計有數學、物理學、化學、氣象學、地震學、地質學（後來才增加的科目）、海洋學、天文學、機械學大意、測量學、觀測法、法制（法律）及經濟、英文、德文、實習等。其每週授課時數如表二所示，其中物理、化學、英文、德文、地質學等科目均由台北帝國大學及台北高等學校教授兼授。

表二　日據時代總督府測候技術官養成所授課時數表

科目＼每週上課時數	第一學期	第二學期	第三學期
數學	6	4	4
物理學	4	4	4
化學	2	2	2
地球物理學	2	2	2
氣象學	6	6	6
地震學	2	2	2
海洋學	0	1	1
天文學	0	1	1
機械學大意及觀測法	2	2	2
測量學	0	1	1
氣象實習	1（次）	1（次）	1（次）
地震學實習	0	1（次）	1（次）

天體觀測	0	1（次）	1（次）
法制及經濟	2	2	2
英文	4	4	4
德文	4	0	0
無線電信實習	1（次）	1（次）	1（次）
計講義	3～4	3～5	3～5
實習	2（次）	4（次）	4（次）
合計	37～38時 4次	34～35時 8次	34～35時 8次

由表二可知其中以氣象學的授課時數爲最多，數學及物理學次之，也有地球物理學及地震學課程，這是因爲考慮到台灣地區多地震，各測候所必需兼做地震觀測之故。反之，自台灣光復以來，台灣各中上學校科系中久久未見有地震學課程出現，國人在這一方面的眼光實不如日人。

測候技術官養成所學年自四月一日起，至次年三月卅一日止，其中第一學期四月一日至八月卅一日，第二學期九月一日～十二月卅一日，第三學期自次年一月一日起，至三月卅一日止，暑假自七月十一日起至九月十日止；寒假自十二月廿五日起至次年一月七日止；春假自四月一日起至四月十日止（註八）。招收的學生限為日人。第一期自民國廿六年四月至次年三月，此後每年皆招收一期新生，珍珠港事變（一九四一年十二月七日）後，日本人力大部分投入太平洋戰爭，人才逐漸缺乏，日人不得已才在民國卅一年春，招收台灣青年周明德、廖燕元兩人參加第六期測候技術官養成所訓練，第七期有徐晉淮、呂新民、林如柏、林景棠等四人，第八期有官有泉、鄭松齡、黃駿逵等三人，惟人數甚少，僅為點綴性質而已。

五／氣象學術的研究成果

由於日據時代台灣氣象事業建設有很大進展，除日常氣象觀測、氣象報告、天氣預報都極正常外，日人對氣象學術之研究亦甚重視，故曾經取得某些程度的成績，茲分氣象研究報告及氣象調查兩部分分別加以說明。

㈠氣象研究報告

清光緒二十八年（一九〇二年），台北測候所首先發表《台灣氣象報文》第一輯，內容記載台北地勢及測候所位置、警報信號標、氣象、地震以及災祥年報等。其後自光緒二十九年至民國八年（一九一九年）先後編印《台灣氣象報文》第二至第六輯，報告項目亦逐漸增加，實為研究台灣氣象不可缺少之參考資料。光緒二十九年（一九〇三年）亦有〈台灣氣象表〉一文發表。

民國十八年（一九二九年）因有「財團法人台灣氣象事業後援會」之贊助，乃有「台灣氣象研究會」之成立。該會推台灣總督府內務局長石里英彥為會長，台北帝國大學理農學部部長大島金太郎為副會長，荒勝又策、加福均三、工藤祐舜、澀谷紀三郎、白鳥勝義、杉村鎮夫、鈴田巖、關文彥、寺木貞吉、中村秀太郎、富士貞吉、堀內次雄、八谷正義、三宅勉、三宅捷、皆吉質等為幹事。彼等係台北帝國大學教授及台灣總督府課長級以上官員。該會除了常常舉辦演講會及展覽會以外，並曾出版《台灣氣象研究會誌》一～三號，故可以說，台灣在日據時代已經有氣象學術研究了。茲將當時氣象研究論文之題目及作者縷列如下，提供讀者參考。

㈠台灣氣候與世界氣候之相關（台灣氣候と世界氣候相關），白鳥勝義、小笠原和夫撰。

㈡關於台灣氣溫振幅（台灣に於ける氣溫振幅に就て），白鳥勝義、森永元一撰。

㈢蔗作風折狀態與地理的分佈（蔗作風折狀態と地理的分佈），白鳥勝義、鈴木正雄撰。

㈣關於低氣壓進行所發生之降雨關係與淡水溪出水（低氣壓進行に伴ふ降雨關係と淡水溪出水に就いて），難波義造撰。

㈤關於蒲草濕度計（蒲草濕度計に就いて），加福均三、白鳥勝義撰。

㈥昭和四年（一九二九年）台灣附近暴風（颱風）報告，台北測候所撰。

㈦昭和四年（一九二九年）台灣氣象年報，台北測候所撰。

以上爲《台灣氣象研究會誌》第一號所載。

㈧關於軍用氣象（軍用氣象に就て），渡邊錠太郎撰。

㈨關於台灣氣象研究會（台灣氣象研究會に就て），石黑英彥撰。

㈩台灣之地形性降雨分佈（台灣に於ける地理的降雨分佈），白鳥勝義等撰。

(十一)關於降水量偏差分佈（降水量偏差分佈に於て），蔡雨澤撰。

(十二)漢口之夏季氣溫與澎湖之冬季東北季風的關係（漢口の夏期氣溫と澎湖の冬期北東季節風之關係），大隈鴻一撰。

(十三)降雨之強度與一日最多降雨量（降雨の強さと一日最多降雨量），白鳥勝義等撰。

(十四)關於雷雨調查に關する調查，白鳥勝義等撰。

(十五)關於降水量及降雨日數之極值（降水量及降雨日數の極值に就て），白鳥勝義撰。

以上爲《台灣氣象研究會誌》第二號載。

(十六)降雨形式之差異（降雨形式の差異に就て），白鳥勝義撰。

(十七)昭和五年（一九三〇年）台灣附近暴風（颱風）報告，台北測候所撰。

(十八)海洋調查報告（昭和五年），台灣總督府殖產局水產課撰。

以上為《台灣氣象研究會誌》第三號所載。當時的氣象學術論文以白鳥勝義所撰的最多，白鳥氏係台北帝國大學理農學部教授（註九），另一作者小笠原和夫係台北帝國大學理農學部助教授（副教授），森永元一為台南高等工業學校（成功大學之前身）教授，其餘七名作者當時職務不詳。

民國廿四年（一九三五年）至民國三十年（一九四一年），台北觀測所和後來改稱的台灣總督府氣象台每年均有《台灣氣象報告》四冊發表，前後七年中共印行廿七冊，其項目和內容大致和〈台灣氣象會誌〉相同。民國廿四年，該所出版〈阿里山高山觀測所概報〉一文，記錄阿里山之氣溫、濕度、日照時數、降雨日數、雨量等。民國廿五年該所出版〈新竹、台中烈震報告〉。民國廿七年該所又出版〈台灣雨量報告〉，內容記載該台所屬各測候所之月雨量及年雨量、月雨量圖及雨日日數圖。

民國廿七年八月，台北觀測所改稱為台灣總督府氣象台，並繼續進行氣象統計、學術研究和出版工作。民國廿八年至廿九年出版《松山大屯氣象表》四冊（每年份一冊），內容記載民國廿五年～廿八年該地區之風向風速、雲量、雲狀、能見度及天氣等。廿八年並出版《台灣累年氣象報告》一冊，記清光緒廿三年（一八九七年）至民國廿七年間，台灣各測候所所觀測之氣壓、氣溫、風速、水蒸氣張力、日照、天氣等資料。

民國廿九年出版《台灣總督府氣象台彙報》第一號，內有論文十一篇，其題目及作者如下所列：

㈠台灣不連續線之調查（台灣に於ける不連續線の調查），田邊三郎撰。

㈡溫位計算尺及水蒸氣張力計算尺，田邊三郎撰。

㈢台北雲量之日變化與氣壓之相關（台北に於ける雲量の日變化と氣壓との相關に就て），樺澤實撰。

㈣關於宜蘭海鳴之移動（宜蘭に於ける海鳴

の移動に就て），樺澤實撰。

㈤阿里山雲海之觀測（阿里山に於ける雲海の觀測），伊東彊自撰。

㈥關於蒸發之二三項實驗（蒸發に關する二三の實驗），伊東彊自撰。

㈦雨水之溫度（雨水の溫度）——觀測結果之報告，伊東彊自、嵐修二撰。

㈧關於阿里山雨滴觀測（阿里山に於ける雨滴觀測），伊東彊自撰。

㈨關於彭佳嶼風向之轉法（彭佳嶼に於ける風向の迴り方に就て），橋本海治撰。

㈩關於阿里山之結霜預報（阿里山の結霜豫報に就て），嵐修二撰。

(十一)關於遼河流域結冰之季節（遼河流域結冰の季節に就て），田邊三郎撰。

民國三十年~卅一年出版《台灣航空氣象報告》內記民國廿九年~三十年台灣各測候所之每小時地面觀測之風向、風速、雲量、雲狀、能見度、天氣、最低層雲之雲量、雲狀、雲向、雲高等。

民國卅一年出版《嘉義地方烈震報告》一册，內記民國三十年十二月廿七日嘉義地區強烈地震之各種觀測及事後各種資料之調查等。

此外，台灣總督府氣象台亦曾出版光緒二十三年至民國卅四年之天氣圖及颱風調查報告（稱為《台灣暴風報告》），在太平洋戰爭前後一段時間，該台亦曾有南洋地區氣象觀測調查報告。

除了前述學術研究成果以外，尚有以私人名義研究而單獨發表專著者以及列為機密，未對外發表者，茲列舉如下：

㈠民國卅二年，田邊三郎撰〈台灣低氣壓調查報告〉，記載台灣低氣壓發生之特性與同時發生之天氣圖，「台灣和尚」一詞首見於此文。

㈡民國卅三年，橋本梅治氏亦撰〈以台北為中心之各航空路線氣象特性〉（台北ヲ中心トセル各航空路ノ氣象特性），論述日本、台灣之間航路之氣象特性，以及台北、屏東、馬尼拉航路上之氣象特性，因當時太平洋戰爭正酣，故該文被列為極機密。

㈢民國卅三年，田邊三郎撰〈台灣氣象預報上所見之有關氣象特性調查〉(台灣ニ於ケル豫報上ヨリ見タル氣象ノ特性ニ關スル調查)，論述台灣一年四季之氣象變化以及天氣圖上所見之天氣變化情形。

㈣西村傳三與田邊三郎合撰〈台南馬尼拉間之氣象特性〉(台南マニラ間ノ氣象特性)，論述一月至三月間天氣圖上所見一般氣壓配置、台灣低氣壓與天氣之變化等。此文在當時亦列入機密範圍(註十)。

按前述之諸文作者除西村傳三為氣象台台長外，田邊三郎為氣象台調查課課長、樺澤實為航空氣象課課長、橋本梅治為氣象台技師（技正）兼觀測課課長、伊東彊自為阿里山測候所所長、嵐修二為阿里山測候所技手（技士）。

在漫長的五十年當中，日本在台灣之氣象人員所撰的氣象論著共有卅四篇，平均每一年半才有一篇論文。從現在的眼光來看，論文的數量甚少，但是以當時的條件和環境而言，已經很不錯了。

除了台北測候所、台北觀測所、台北氣象台各時期之學術性論著以外，當時台灣總督府總務局及交通局遞信部等，亦曾出版地震和氣象方面之文獻。比較早期的有光緒三十三年（一九〇七年）由總務局編印的《嘉義地方震災誌》，這是台灣描述地震發生時自然現象之早期文獻。交通局遞信部亦曾出版下列三書：

㈠《台灣地震颱風》(The Climate Typhoon and Earthquake of Islands of Formosa)，民國三年出版，並論述台灣地質及地理問題。

㈡《台灣雨量》(The Rainfall in the Island of Formosa)，民國九年發表，論述台灣雨量之分佈情形和夏季雨、冬季雨、南部雨之概況，並附有圖表。

㈢《遞信表》，民國十三年出版，其中有氣象篇，記述台灣當時氣象觀測和氣象預報之沿革及當時情況，頗有見地。

二、氣象調查

日據時代台灣氣象學術上最足稱道的貢獻，

當推蘭陽平原「第二類地形性降雨」的發現。原來，民國廿四年日人在蘭陽平原設置宜蘭測候所不久，他們便發現每當冬春季寒流侵台以後，迎風區的蘭陽平原便風勢平靜，甚至出現相反的微弱西來風。同時雨量的分佈自海岸地帶向內陸山區減少，與一般地形性降雨特徵相反（一般地形性降雨情形是：內陸山區迎風坡雨量比平地多）。

於是台灣總督府氣象台（以下簡稱氣象台）台長西村傳三博士便稱這種違反常理的降雨為「第二類地形性降雨」，以與一般性降雨分別。他為了想進一步了解其降雨之三度空間結構，乃在民國卅一年（一九四二年）十二月中旬，組成「蘭陽平原第二類地形性降雨調查隊」，赴蘭陽平原進行為期兩星期之地面氣象和高空風觀測。該隊由氣象台技師（技正）兼台北飛行場出張所所長藤澤正義與技師兼航空氣象課課長樺澤實分別任隊長和副隊長，技手（技士）柳島量三與高浦誠實及自「測候技術官養成所」第六期二十名學員中所選出之十名學員（周明德先生為其中唯一之台胞），合計十四人，於民國卅一年十二月十五日，携帶各種手提式地面氣象觀測儀器及測風氣球觀測儀器，由台北車站乘火車赴宜蘭。該隊在宜蘭測候所氣象人員支援之下，在平原上設立了頭城、大福、五間、壯圍、東港、大河、三星、大埔、羅東等九個臨時氣象觀測站，並且在宜蘭、東港、羅東三地設測風氣球觀測站，以宜蘭測候所為指揮站。據周明德描述當時工作的情形說：每天携帶手提式風向風速表、溫度表、羅盤等儀器，由羅東乘「木炭巴士」（因太平洋戰爭之故，石油完全供應軍方，民間汽車改用木炭為燃料）往大埔，借該地派出所，觀測地面風、溫度、天氣、雲等氣象要素（註十一）。

該隊完成氣象觀測任務返回台北氣象台後，由於太平洋戰爭激烈，局勢緊張，以致其研究成果久久未能整理發表，台灣光復後，氣象台改稱為台灣省氣象所，其後該所所留用之日籍及少數韓籍氣象人員亦陸續遣送回國，雖然這些氣象人員被禁止携帶氣象資料出境，但是樺澤實則將當年在蘭陽平原氣象調查結果寫了一些摘要，記在袖珍本裏，偷偷地帶返日本，經過一番整理後，在民國卅九年（一九五〇年）以〈第二類地形性降雨之實例（宜蘭平野）〉發表在日本氣象廳之刊物《研究時報》第二卷第三號上。次年（民國四十年），台灣省氣象所研究室白潛氏特譯爲中文，刊登在台灣省氣象所發行之月報《氣象通信》中（註十二）。民國四十八年，該文之摘要亦曾被登載在空軍氣象官教材《氣象官熱帶氣象教程》上冊中（註十三），作爲「地形對降雨之效應」之教材。

〈第二種地形性降雨之實例〉一文首先描述蘭陽平原之地形，再敍述蘭陽平原之降雨分佈情形。然後詳論風變面的結構及其特性，其大要如下所述：

㈠東北季風進入台灣東北部之蘭陽平原後，因受特殊地形、中央山脈及高空西南風阻擋，無法越山而過，亦不能向左右輻散，乃變成下沉氣流，向平原反流，而在蘭陽平原東方海岸附近形成一局部性不連續面——風變面。由於

●蘭陽平原之地形。

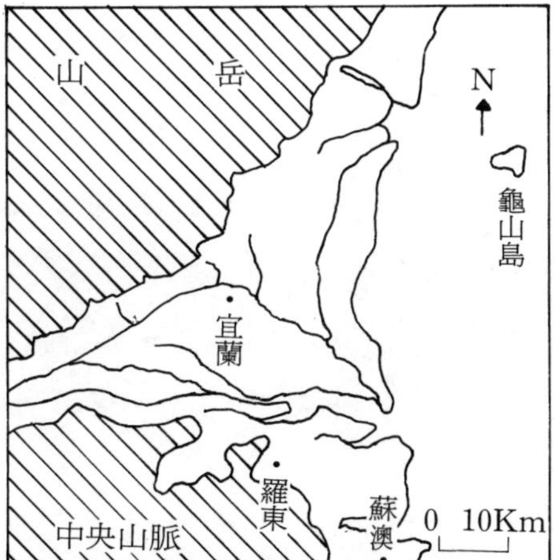

東北季風之強弱不同，而所誘發之西南風亦有強弱，不連續面則在海岸附近呈平原之內部前後移動。

㈡地面不連續面——風變面之上方為東北季風，下方為下沉氣流向平原反吹過來之較弱西南風或靜風。風變面平均坡度為1°50′，比一般冷鋒面坡度大約陡四倍。

㈢因受風變面影響，雨量分佈自海岸向山區減少，呈反常現象。沿岸區之雨量大於三星鄉（在內陸山麓地帶）二點五倍之多。

㈣當東北季風呈偏北風時，三星鄉一帶呈靜風狀態，風變面在平原之內部。當東北季風之風向呈東北時，風變面呈西北、東南向。當東北季風隨大陸高氣壓之移動轉為東北東風時，由於風向與海岸線呈直角，風變面便變形而呈凸型彎曲，由平原向東移到沿海上。此時蘭陽平原之西風最顯著，且其範圍最廣。當風向轉為東或偏南後，風變面隨即消失。

該文並舉一九三八年一月九日之天氣圖為例，說明東北季風最強時，宜蘭吹西風之情形（註十四）。

民國卅一年十二月組成之「蘭陽平原第二類地形性降雨調查隊」在蘭陽平原實地探討第二

●冬季蘭陽平原之降雨分佈情形。

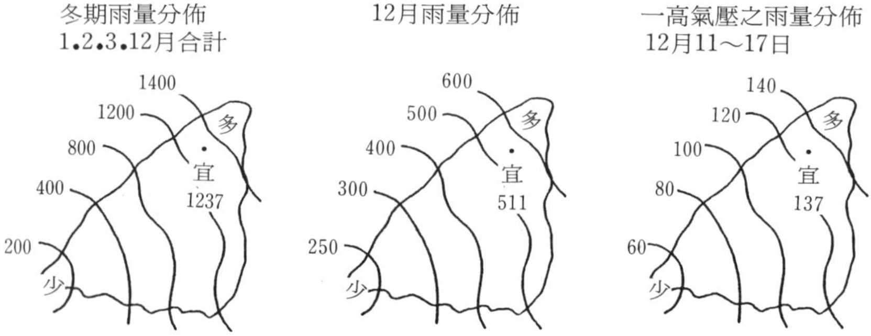

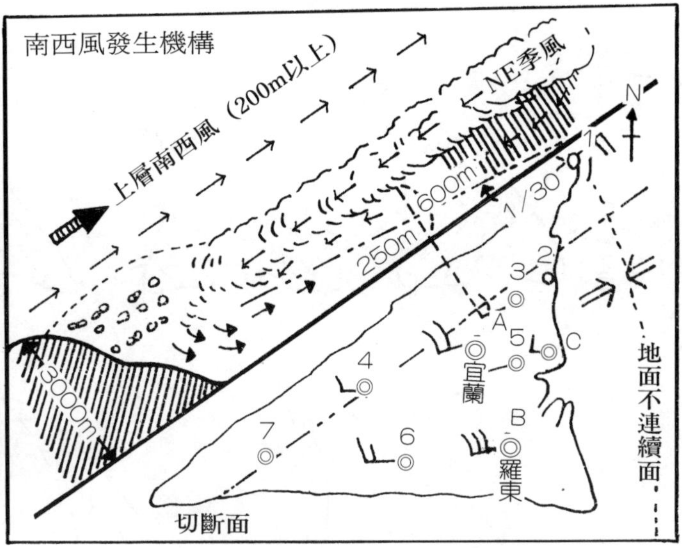

●冬季蘭陽平原風變面之形成及結構說明圖。（1～7為調查隊所設之地面測站，A、B、C為調查隊所設之高空風測站）

類地形性降雨之三度空間結構，對氣象學術有重大之貢獻。惟一遺憾的是，該隊所選九個臨時觀測站之分佈位置不夠理想，若有龜山島、蘇澳的地面觀測資料及三星的高空風觀測資料，將能更完全地了解「第二類地形性降雨」的三度空間結構。

六／歧視台胞的鐵證

日人據台五十年，雖然很重視氣象事業建設，但是對台灣同胞卻以二等國民之態度視之，故有種種歧視台胞之乖謬措施，茲舉以下三例以證之。

㈠封鎖颱風來襲消息，漠視民命

從台北測候所時期，經台北觀測所時期，以至台灣總督府氣象台時期，日人曾經公開發佈天氣預報、氣象特報、以及颱風警報，為台胞服務，讓台胞能事前採取應變措施，符合現代氣象服務原則。但是民國三十年十二月，日本發動太平洋戰爭以後，日人便將氣象觀測資料列為軍事機密，不再對外發佈，甚至颱風來襲

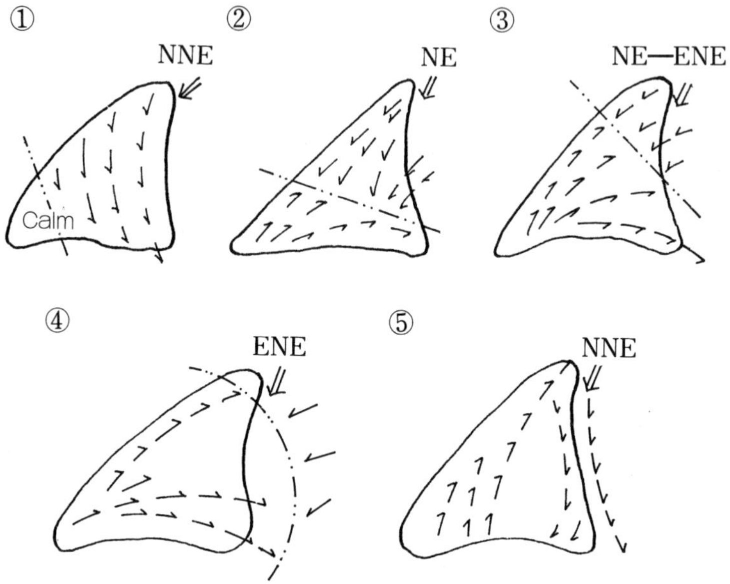

●蘭陽平原冬季東北季風之風向與風變面之關係說明圖。

時亦然。民國卅一年七月十日晚上九時，第一六六號颱風（中心氣壓七一〇公釐）在恒春東南方三百公里海面向西北進行時，台灣總督府氣象台警報課開始發佈海上颱風警報。十一日上午九時，改發陸上颱風警報。然而氣象台基於日本「皇軍」大本營的「軍資秘密保護法」爲由，一切颱風警報始終未向民間公佈，只向軍方通報。至十一日中午，該颱風在花蓮東方海面約一二〇公里海面折向西北西方向進行，同日傍晚於宜、花之間的和平溪河口登陸，造成極慘重的災害。蘭陽平原因地形的關係，風勢更猛，故災害尤其慘重，冬山車站全毀，電桿全倒，高壓電線鐵塔折斷，蘇澳和南方澳房屋全倒，漁船沉沒不計其數，和平村一帶山胞房屋大部分被洪水冲走。花、宜兩縣死亡三〇〇餘人，受傷大約八〇〇人，房屋全倒及流失者達一一〇〇〇戶，半毀七〇〇〇多戶。日人漠視台胞民命，莫此爲甚。經此教訓以後，日本「皇軍」遇颱風來襲時，始採用電話及有線電報方式通知社會民衆防患，但是基於軍事機

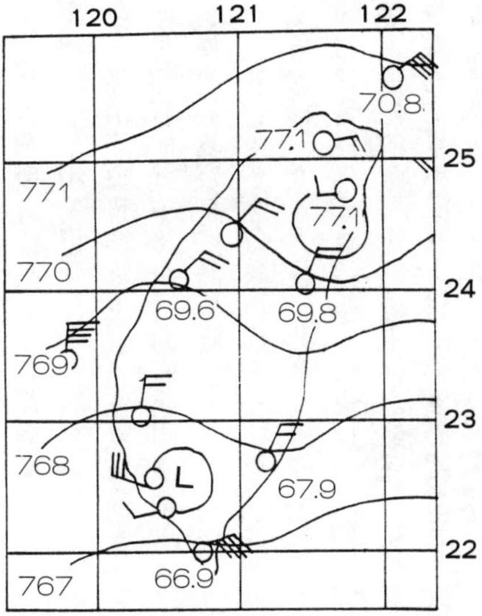

●一九三八年一月九日之地面天氣圖。

密，警報發佈的次數甚少（註十五。）

㈡不讓台胞參與氣象工作

日人據台期間，氣象台及各測候所之氣象人員清一色爲日人，四十多年中皆排斥台胞參加氣象工作，一直到民國三十年十二月珍珠港事變後，日本人材逐漸缺乏，日人才在民國卅一年初，「總督府測候技術官養成所」第六期招生時，在錄取的二十人中取了台籍青年周明德、廖燕元兩人加入氣象工作的行列，第七期、第八期學員中台胞亦僅四人及三人而已，與日籍人員相比，根本不成比例。學員之間亦有差別待遇，當時日籍學員每月薪水六十元，而台籍學員只有四十元，畢業後當測候人員時，台籍人員薪水亦遠較日籍人員低，日人對台胞之歧視和刻薄，由此可見一斑。直到日本投降前夕，台籍氣象工作人員才增加到五十五人，而日人仍然多達二二〇餘人，遠比台籍人員多。

㈢不讓台胞獲取氣象知識

氣象學不但是一門自然科學，也是一門服務性很高的應用科學，故社會大衆應具備氣象學識和常識，才能發揮氣象服務的效果。而日人在台，不但在大專院校中未曾設置氣象科系，而且將氣象學視爲禁臠，不向台胞推廣氣象知識，也不讓台胞涉獵氣象知識，甚至以軍事保密爲由，封鎖颱風警報消息，故日據時代，氣象災害所造成的損失，遠比今日重大得多。

七／結論

由本文之論述，可見日人據台期間對氣象事業建設非常重視，尤其後期爲了因應南侵南洋及太平洋戰爭航空和航海上之需要，更曾廣設測候所。前後計共設立十一個測候所、十二個分所，其中機場測候分所（航空測候）計有七所，海洋觀測所（後來之高雄測候所）一所，高山測候所二所，可見日人對航空氣象、航海氣象、高山氣象皆非常重視。在氣象學術研究方面也薄有成就，給台灣回歸祖國懷抱以後之氣象學發展奠定良好的基礎。

日人在台所設之氣象機構，一如今日全世界之氣象機構一樣，曾經對社會大衆提供氣象服務，日常皆發佈天氣預報、氣象特報、颱風警報等。遺憾的是，後期因戰事之關係，竟將氣象資料列爲軍事機密，封鎖颱風警報消息，以致造成民間巨大的損失。

八／後記：

本文作者在撰寫之前及撰寫之過程中，承蒙中國氣象史研究會會長、南京氣象學院大氣物理學系教授、中國氣象史專家王鵬飛先生甚多的鼓勵，至爲感謝。又承蒙民航局氣象中心老長官周明德先生賜供不少資料，中央研究院近代史研究所楊翠華委員、中央氣氣局預報中心預報課課長陳來發先生等協助查閱資料，使本文能夠順利完成，在此一併致謝。

——本文刊於民國七十七年十二月出版之《科學史通訊》第七期。

附註

註一：劉昭民撰，《中華氣象學史》，一九八〇年台灣商務印書館出版，第二三六頁～第二三七頁，第二四二頁～二四三頁。

註二：陳漢光撰，〈台灣氣象研究之回顧〉，《台灣文獻》第廿一卷第一期，民國五十九年三月廿七日出版，第一〇三頁～一〇六頁。

註　三：1.《台灣總督府氣象台便覽》，第十三頁，昭和十五年（一九四〇年）台灣總督府氣象台出版。

2.劉寶成撰，〈台灣省氣象局局史〉，《氣象通訊》第一卷第三期第二版，民國卅五年十一月一日台灣省氣象局出版。

註　四：同註三之一，第十四頁～十五頁。

註　五：同註三之一，第卅四頁～卅七頁。

註　六：同註三之一，第二十頁～廿一頁。

註　七：同註三之一，第廿三頁～卅一頁。

註　八：《台灣總督府測候技術官養成所規程》第四頁～六頁，昭和十七年（一九四二年）出版。

註　九：同註二，第一〇四頁。

註　十：同註二，第一〇五頁。

註十一：周明德撰，〈天氣俚諺「蘭雨」與「第二類地形性降雨」〉，《中央氣象局通訊》第一八一期第九頁～十二頁，民國七十七年五月中央氣象局出版。

註十二：樺澤實著，白潛譯，〈第二種地形性降雨之實例（宜蘭平原）〉，《氣象通信》第五卷第四期，第六頁～七頁，民國卅九年四～六月合刊，台灣省氣象所出版。

註十三：空軍訓練司令部編印，氣象官熱帶氣象學教程上冊，第三～卅五頁，一九五九年六月三十日印行。

註十四：見註十二。

註十五：周明德撰，〈日據時代我同胞受害的另一例證——從擱置颱風警報的發佈說起〉，《中央氣象局通訊》第一三四期，第八頁～十頁。民國七十三年（一九八四年）六月出版。

風雨欲來戰火急

——清初台灣海峽的氣象戰

舊時對台灣海峽季風和颱風之認識

宋朝以來，我國先民對台灣海峽之氣象和氣候已有深刻的認識，北宋時代蘇軾舶趠風詩有曰：「三時(夏至後半月)已斷黃梅雨，萬里初來舶趠風。」這種舶趠風就是夏季季風。明神宗時代的沈有容在《閩海贈言》卷二〈平東番記〉中的記載，說明當時對台灣海峽季風的認識又進了一步。它既有台灣海峽「時臘月，非出海候」(因冬季有強勁的東北季風)之記載，也有預測這種天氣的風徵（即前兆現象）的描述，文曰：「將晡（下午三、四時），君登舵樓，望遙山，有黑雲一片方起，心知是風激也，而不敢言，至夜，果大風。」書中關於「春秋巡行海上」的記述，是說該處春秋東北季風盛行，利於來自東北方的倭寇駕船竄起台灣海峽及福建沿海地區，因而在這一時期要加強海上巡邏，以便殲滅來犯的倭寇。可見明朝時，我國先民已能正確地運用東北季風的知識來保衛海疆。

到了清初，我國先民對台灣海峽季風的認識更加深入。高拱乾在康熙三十三年撰成的《台灣府志》中不但記載了台灣海峽東北季風和西南季風的交替時間，而且還簡要地說明了這兩種季風形成的原因。書中寫道：「九月（農曆，以下同），則北風初烈（強盛）。」「十月以後，北風常作。」「清明以後，地氣（大氣狀況）自南而北，則南風爲常；霜降以後，地氣自北而南，則以北風爲常風。」該書還寫道：台灣海峽「南風壯而順，北風烈而嚴。南風多間，北風罕斷。」對台灣海峽東北季風和西南季風的強度作了生動的對比（東北季風強於西南季風）。

對於台灣海峽颱風的認識也相當早，宋代范正敏在《遯齋閒覽》中記述說：「泉州瀕海（台灣海峽），七、八月多大風，俗云癲風，亦云颶風（颱風）。其來風雨俱作，飛瓦拔木，甚者，再宿乃止。」將颱風發生的主要月份、風力、破壞力、颱風雨以及颱風天氣的延續時間等，都作了簡單的描寫。到了清初康熙時代，台灣官方和民間有關颱風的記述更多，既有官修的方志——如《台灣府志》、《台灣通志》、《福建通志》等，也有私人的著作——如季麒光的《風颱說》、王士禎的《香祖筆記》、郁永河的《採硫日記》等。其中以《台灣府志》的記述較爲詳細。它對颱風風向遞變的性質描述得相當正確，它說：「颱將發，則北風先至，轉而東南，又轉而南，又轉而西南。」對颱風來襲的月份說：「五、六、七、九月發者爲颱」，九月則「間或有颱」。對颱風過境時之持續時間，說「常連日夜或數日而止。」這些記述和現代氣象觀測結果基本上是一致的。

施琅打算利用有利的氣候條件攻打台澎

氣候和氣象條件與戰爭的關係非常密切，所以帶兵的將帥在採取軍事行動以前，都十分注意當地的氣候和氣象情況，清初的施琅在康熙二十二年率領海軍攻打台澎的鄭軍時，對台灣海峽的氣候和氣象也有深刻的認識，並能善加利用。本文係參考連橫所撰之《台灣通史》、台灣省文獻委員會所編《台灣史》、張其昀所撰之

《清史》等書撰述而成，首先略述施琅和鄭軍備戰之情形。

話說永曆三十五年（康熙二十年）六月，閩督姚啓聖與巡撫吳興祚合疏保題施琅爲福建水師提督，準備統舟師取澎湖、台灣。冬十月，清軍征雲南，周王吳世璠（吳三桂之孫）自殺亡。清人遂得傾力於台。冬十月丙午，聖祖命總督姚啓聖統福建兵馬，同提督施琅進取澎湖、台灣。時，鄭氏聞清軍將來犯，乃令水師督修戰船爲備。以劉國軒爲總督守澎湖，而征北將軍曾瑞，定北將軍王順二人爲副，於澎湖修築營壘礮台。旋又聞清軍欲進攻鷄籠（今日之基隆），以拊台灣之背，乃令左武衛何祐爲北路總督，以智武鎮李茂爲副，守鷄籠、淡水，重修西班牙人城堞。眞是山雨

●施琅利用有利的氣候條件攻打台澎。

欲來風滿樓，雙方戰爭即將爆發。

利用北風和利用南風之爭執

永曆三十六年（康熙二十一年），台灣形勢益蹙。以鄭氏內政言，軍需財政，愈感不支，惟出諸苛歛之一途。以武力言，自西征敗歸（鄭經參加三藩之亂，最後敗於福建省），兵力大損。守戍不足，徵鄉兵爲伍，裹糧露宿，分守要口，百姓嗟怨。以資源言，自永曆三十五年以降，天旱糧荒，米價騰貴，每擔價銀至五、六兩不等，民食維艱。以力役言，因兵事繁興，番族供役，多致失時，番變時有。況施琅煽動鄭氏之舊部，誘惑勾結，離心之勢，較前益甚。是年二月，施琅乃上密陳專征疏，欲大舉征台，言：「臣思滇、黔弄兵，悉皆底定，惟有台灣四十年殘孽逋誅未殲，致厪聖懷。臣敢不殫心籌畫，滅此朝食！」蓋欲挾父兄不共戴天之仇，必殘鄭氏而後快也。惟福建總督姚啓聖恐其獨成大功，予以牽制；如施琅主剿，而啓聖則主撫。至於發舟師征台也，施琅力主宜用南風。

他的理由是：「冬季北風猛烈，入夜更甚，自此至澎，魚貫而行，幸而不散，然島嶼悉爲敵踞，未能一鼓奪之，無可泊舟，風濤振撼，軍不能合，將何以爲戰？若夏至前後二十餘日，風微夜靜，海水如練，可以碇泊，聚而觀舋，舉之必矣！故用北風者，邀倖於萬一，而南風則十全之算也。」但是啓聖則力持宜用北風；致大軍遷延不發。六月，施琅以水師總兵董義率船三十二艘，試攻澎湖，劉國軒擊却之。七月，施琅再上決計進取疏，有「挑選精兵二萬有奇，大小戰船三百號，儘堪破賊」之語。十月，施琅爲却姚啓聖之牽制，題請專事征剿之權，淸廷許之；大戰一觸即發矣！

施琅利用颱風攻下澎湖群島之經過

永曆三十七年（康熙二十二年），劉國軒即聞施琅獲專征之權，乃嚴台、澎防備。以馮錫范爲左提督守鹿門（今台南市安平區）。五月，劉國軒再增澎湖防兵，總兵力不過二萬人，兵船不至二百隻（據靖海紀事決計進剿疏），分戍澎湖各要害。清師兵力則約兩萬有奇，戰船約三百號（艘）。六月（農曆）十一日，清福建水師提督施琅大會各鎮將並於銅山（今福建省東山縣）。十四日，舟發銅山。十五日晨，清師近八罩嶼（今澎湖縣望安鄉）。時值六月（農曆），海上風波不測（因為農曆六、七月多颱風來襲），國軒意施琅以此時進襲，乃虛張聲勢。詎聞驟至，駭然！宣毅左鎮邱輝請曰：「乘彼船初到，安澳（停泊）未定，兵心尚搖，輝願煩船十隻，同左虎衛江勝貫陣却之」！建威中鎮黃良驥亦曰：「先發制人，半渡而擊，正合兵法，宣毅左鎮邱輝之論是也！」周軒曰：「礟台處處謹守，彼何處灣泊？當此六月時候，一旦風起，則彼何所容身？此乃以逸待勞，不戰可收全功也！」不聽。輝等怏怏退。

已而清軍大至，環泊花、貓二嶼（花嶼屬今望安鄉，貓嶼屬今七美鄉）。輝復請乘夜潮落，衝綜擊之。國軒仍以六月當颶（颱風）之期，應以逸待勞，復不聽。十六日黎明，清軍攻澎湖，戰即合（發），國軒以林陞、江勝、邱輝、曾瑞、王順、陳啓明等，以舟師排列衝擊之，清艦自相衝撞，不得前。會潮落，琅舟為急流分散，且風向不順。國軒揮師合攻，琅困不得出，矢傷琅目。其先鋒藍理突圍救之，礟中其腹，膚裂腸出；施琅遂却。林陞追之，身中三矢，終不退；施礟傷其股，乃還。邱輝、江勝仍尾追其船，國軒自度舟寡，且軍士乏糧，乃收軍。邱輝乘敵新敗，請夜襲曰：「乘彼戰北，軍心必虛，願與左虎衛以熕船十隻，夜襲敵艦，彼不自安，必遁回也！」國軒必以待颶（颱風）使自覆，復不可。輝曰：「兵法有云：半渡可擊，立營未定可擊，乘虛可擊；今敵患三者，而不乘其勢，若早晚無風，合人為一心而死戰，將奈何？」是夜施琅泊八罩嶼（今之望安島），國軒笑曰：「誰謂施琅能軍？天時、地利，尚莫之識；諸軍但飲酒，以坐觀其敗耳！」

六月（農曆）七日，施琅收兵八罩（望安島）及水按（將軍澳嶼，均屬今之望安鄉）諸澳。申軍令，士氣復振。時興安鎮總兵吳英謂琅曰：「彼船少，若我以五船，結為一隊，攻彼一船，

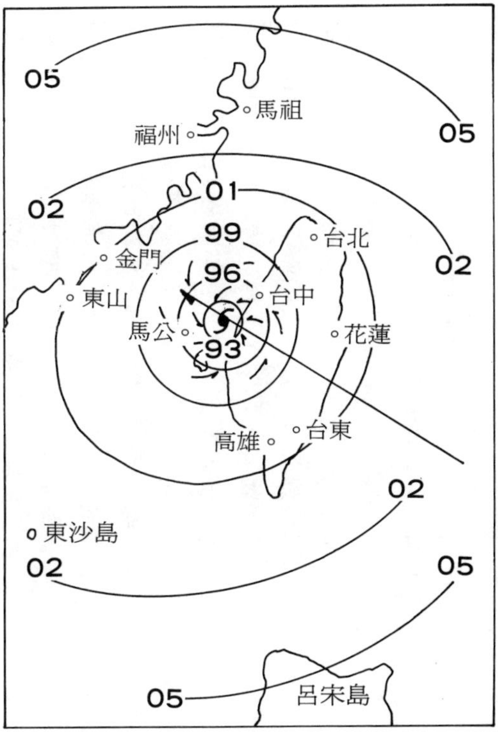

●清初澎湖海戰時輕度颱風示意圖。（細箭符號代表颱風中之風向，粗箭號代表颱風中心移行之方向）

則無成綜衝撞之患。其不結隊者爲遊兵，相機而應；可各盡其能，奮勇破敵。」琅善其策。

二十二日，施琅力攻澎湖，以其六子世驃等艦五十艘，攻雞籠嶼、四角山（均在今馬公鎭）爲奇兵。又令七子世驛等以五十艘攻牛心澳（在今馬公鎭）爲疑兵。餘分舟師爲八隊，每隊七船，皆三其疊。琅自居中，以便調度，又以大船八十隻，分爲二大隊，以爲後援，直從娘媽宮（在今馬公鎭）前而進。將戰，有風自西北來，以逆清艦，士皆股粟（驚恐）；鄭艦居上風，

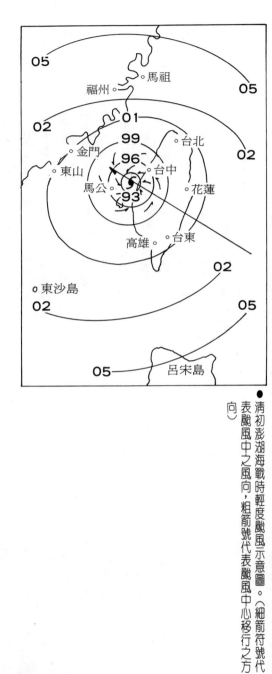

琅大驚。須臾雷發，立轉南颺，清軍得風，士氣復起。國軒掀案呼曰：「天意也！」遂決戰。宣毅左鎮邱輝與清總兵朱天貴遇，砲沈其船，天貴死亡。國軒督陣，合艅齊擊。清兵亦傾力來攻，砲如雨下，煙焰蔽天，海水為赤。左虎衛江勝，砲死清左營遊擊趙邦試，而清師亦合圍至，衆寡懸殊，江勝不敵，發砲自沈其舟死。清師乃以五船合攻鄭軍一船，鄭船多被燬沉沒，鄭軍跳水及自焚者不可勝計。惟邱輝一船，往來接應，殊死力鬪，以一當百。這一船軍士盡殲，輝猶撫劍疾視，力斬數十百人，清兵不敢前。旋以砲折左足，見勢迫，乃發火桶，自沈其舟死。國軒見諸軍已喪十之七、八，乃乘小哨道吼門以遁。吼門多礁，平時舟不可近，是日潮漲，故得脫。劉國軒既敗，各嶼守將悉降。惟戎旗二鎮吳潛守西嶼頭（今西嶼鄉）不下，嘆曰：「若聽勝、輝之言，亦不至有今日！余不恨事之不濟，恨大丈夫不能死之疆場耳！」部將林好曰：「諸島悉降，此處難守，速當為計！」潛曰：「大丈夫既不能為國驅馳，豈可偷生苟活！」拔劍自刎以殉，澎湖遂陷。

施琅利用大霧和漲潮攻入台南

六月二十三日（農曆）武平侯劉國軒逃抵東寧（台南），軍民聞敗，市井風鶴，人無固志。馮錫范令嚴守鹿耳門，並禁兵民越出村落。施琅乘勝進攻台南，舟師至鹿耳門，因水淺不能入，泊舟海中凡二十日，而潮不至。七月某日忽然大霧，潮水高丈餘，施琅舟師乘潮及大霧而入台南，鄭克塽驚駭曰：「先王得台灣，鹿耳門漲，今復然，天意也！」是時，馮錫范等皆無戰志，主張遷往呂宋，而劉國軒等則主張降清，克塽年堺（年輕），未諳軍旅，乃允降。清廷乃命鄭成功所受明延平郡王及招討大將軍之金印繳獻，並交出土地、戶口、府庫、冊籍、又令克塽至北京改封為一等公，隸漢軍，結束鄭氏在台二十三年之經營。

氣象學上之分析

由本文之敍述，可見清朝康熙時代，施琅在

台澎的軍事行動中，前後均曾利用台灣海峽的氣候和氣象條件，知道台灣海峽冬半年「北風烈而嚴」，並且「罕斷」，不利於軍事行動。而夏季「南風壯而順」，並且「多間」，利於軍事行動，故捨冬半年之北風，而取夏季之南風。澎湖群島防衛司令劉國軒也知道農曆六月台灣海峽多颱風，認爲一旦風起則施琅之船隻將何以容身？故可「待颱（颱風）使自覆」，乃採取守勢，犯了兵家之大忌；並且在颱風來臨，「有風自西北來，以逆清艦」時，未把握良機，下令攻擊清艦，乃種下敗因。而施琅則充分利用颱風中心通過澎湖北方近海後之「回南風」，向北兇猛地進攻鄭艦，鄭艦因逆風，故慘敗。由先「有風自西北來」，後又「須臾雷發」，立轉南颸（強風），而風力亦未強至沈船毀艦之地步，故這次過境澎湖的颱風應爲輕度颱風（風速介於每秒十七—三十三公尺之間），且颱風中心可能走西北西方向，通過台灣東部和中部地區，以及澎湖北部近海面上，故馬公南方近海面先有西北風，後有南風及颱風中之雷雨，符合現代氣象學上關於颱風中風向之轉變情形，以及輕度颱風過境時多件有雷雨之情形。

施琅在澎湖海戰勝利之後，泊舟鹿耳門二十日，再利用大霧和漲潮高丈餘之良機，攻入台南，使鄭克塽驚駭曰：「此天意也！」此亦爲施琅利用氣象條件之一例。所以清初施琅在台灣海峽的軍事行動，是十分值得吾人加以研究的一場氣象戰。

——原載一九八八年五月八日《民衆日報》文化版。

星羅棋布藏玄機

——清初安平港爭奪戰與氣象

氣象與軍事的關係

氣象與軍事的關係非常密切，所以我國古代的軍事家都非常重視氣象。例如《孫子》〈火攻篇〉有曰：「發火有時，起火有日。時也，天之燥也；日者，月在箕、壁、翼、軫也。」又云：「晝風久，夜風止。」說明風的特性，並預測宜火攻的時期。《吳子》〈治兵篇〉也說：「將戰之時，審候風所從來，風順，致呼而從之，風逆，堅陣以陣之。」說明兵家宜利用風向進行軍事行動。《吳子》〈論將篇〉也說：「居軍下濕，水無所通，可灌而沉；居軍荒澤，草楚幽穢；飆風數至，可焚而滅。」說明兵家可利用飆風（強風），進行火攻，將敵人消滅。類似的文獻甚多，不勝列舉。清初，鄭成功率軍攻下安平港和台南，將盤據台灣達三十八年的荷蘭人趕出台灣，其軍事行動即曾充分利用有利的氣象條件。

鄭成功攻安平港之經過

關於鄭成功攻安平港之經過，台灣省文獻委員會所撰之《台灣省通志》卷七人物志鄭延平郡王世家篇有以下之記載。

永曆十五年（清順治十八年）正月，初，荷蘭通事何斌因侵荷人銀數十萬，懼罪來歸，說成功東略台灣，曰：「台灣沃野千里，實霸王之區；若得此地，可以雄其國；使人耕種，可以足其食。上至鷄籠（基隆）、淡水，硝磺有焉。且橫絕大海，肆通外國，置船興販，桅舵、銅鐵，不憂乏用。移諸鎮兵士眷口其間，十年生聚，十年教養；而國可富，兵可強；進攻退守，眞足與中國抗衡也。」遂出袖中地圖以獻，並陳荷蘭人之荼苦，及水路變易情形。至是，成功集衆議曰：「天未厭亂，閏位猶在，使我南都之勢，頓成瓦解之形。去年雖勝達虜，僞朝未必遽肯悔戰；則我之南北征馳，眷屬未免勞頓。前年何斌所進台灣一圖，田園萬頃，沃野千里，餉稅數十萬，造船制器，吾民麟集。近爲紅夷占據，城中夷夥，不上千人，攻之可唾手得者。我欲平克台灣，以爲根本之地；安頓將領家眷；然後東征西討，無內顧之憂，並可生聚教訓也。」

幾經爭議，東征之計以決。……三月二十四日，師次澎湖。二十七日，次柑桔嶼阻風，還泊峙內澳。先是，以何斌言，數日可抵台灣，軍食可資；故不携行糧；至是阻風糧竭；乃就地徵正供以給，得番薯、黍稷等百餘石；不足大師一餐之需。三十日，風雨未息，天色陰霾；

●鄭成功利用有利的氣象條件將荷蘭人趕出台灣。

成功以行糧既盡，乃毅然進發。中軍船蔡翼，待衛鎮陳廣請候風雨。成功曰：『冰堅可渡，天意有在。不然官兵豈可坐困斷窮島耶！』丑初霽，成功偕何斌及遊擊洪暄前驅，直指台灣。翌晨，大腙魚貫次台灣沙線；時大霧，荷人不覺。值漲潮，遂薄鹿耳門。成功下哨船，由何斌按圖由鹿耳門迂廻以進。午後，大船啣尾畢入。既濟，成功以手加額曰：「此所以哀孤而不委之壑也；天赦孤臣，必有寧宇矣！」泊禾寮港，居民數千來迎，爲負輜重登岸。即紮營，命宣毅前鎮陳澤守鹿耳門，以備荷蘭甲板，並防北線尾。荷人不敵，焚赤崁街而遁，僅普羅凡蒂亞城(Provintia)守將萬倫坦(Jacobus Valentyn)遙以礮擊。初三日，荷將裴德爾(Thomas Pedel)以二百四十人來犯北線尾；陳澤擊潰之。初四日，普羅凡蒂亞城守將萬倫坦，以水涸糧絕獻城降。初六日，揆一遣使乞退兵；願輸稅若干萬，併土產貨物隨意聽從，照例年納貢，大船俱納歸官兵，並送勞師銀十萬銀；却之，是日，各近社土番來迎附；成功

●鄭成功利用大霧和潮漲一舉攻入鹿耳門。

賜正副土官袍、帽、靴、帶；於是南北路各社聞風踵至。初七日，成功移營鯓身嶼，以逼熱蘭遮城(Zeelandia)。

十二月，成功巡蚊港，撫日社番，迎者塞道；成功親勞之，賜以酒食，各歡欣悅服。二十二日，以荷人堅壁清野；至是軍士乏食，命協理五軍戎務楊朝棟、戶都事楊英偕何斌取荷人積粟於各社，獲粟六千餘石，糖三千餘石，以濟軍食。二十四日，成功以荷人孤城無援，爲免攻打殺傷，乃圍困俟其自降。

…………。七月，荷蘭遺將卡烏(Jacob Caeuw)率兵七百，艦十艘，自巴達維亞（今日印尼之雅加達）來援；阻於颶（颱風），遂馳澎湖。初，荷蘭東印度公司以台灣長官揆一怯懦，以可倫克(Herumanus Clenk)代之；至是抵台，見熱蘭遮城危，遂走鷄籠，撤其吏民一百七十人以去。援勦後鎮張志、後衝鎮黃昭屯壘大肚社，管事楊高虐衆番，番阿德狗讓殺高反；襲楊祖，遂圍張志。右虎衛黃安、英兵鎮陳瑞、智武鎮顏望忠敉平之。

八月，荷蘭援將卡烏自澎湖來台；揆一議襲安平，以解熱蘭遮城圍，期盡覆成功水師；乃大舉犯安平，值狂風大作。荷艦亂不成列。成功命宣毅前鎮陳澤，水師陳繼美、朱堯、都督羅蘊章等擊潰之，獲其艦五；斬其艦長一，兵丁三百餘，溺死者不計。

九月，成功增兵北線尾，築壘以拊熱蘭遮之背。荷人以二百人來襲，擊敗之。自是荷人無敢出犯者。是月，清廷欲絕成功船糧接濟，以兵部尚書蘇納海等議，盡徙沿海居民於內地，上自遼東，下迄廣東，凡濱海三十里內廬舍、田園，盡爲焚棄；百姓流離失所，死者以億萬計。

十月，清棄同安侯鄭芝龍於燕市（北京）。

……二十五日，荷蘭軍曹雷狄斯(Hans Jwger Radius)自熱遮蘭城來降，言城內食盡，病創日增；若加以兵力，不能二日守。成功從之。

十二月初六日，以礮火先下其城外堡壘，以偪熱蘭遮城。荷蘭台灣長官揆一知不敵。十三日，遣使乞降。成功大喜；遣通事李仲諭之曰：

「此地非爾所有，乃前太師練兵之所。今藩主來復故土；動柔遠之念，不忍加害；凡倉庫不許擅用，其餘爾等珍寶、珠、銀私積，悉聽載歸。」荷人乞歸國，允之。旋獻城以去。

按前文記載說，永曆十五年（清順治十八年）三月二十四日，鄭成功率領海軍抵達澎湖，二十七日至三十日風雨交加，軍艦只得停在峙內澳。這是台灣梅雨季（五月初，中旬至六月中旬）之前，鋒面南下並通過台灣中北部地區後，南北徘徊，呈滯留狀態所造成的連續四天陰雨天氣。且因台灣海峽地形之關係，鋒面通過後，偏北風較強，故鄭成功之艦艇於二十七日在柑桔嶼「阻於風」。

四月一日清晨，台南近海岸一帶有大霧，此可能是滯留鋒北退後，暖濕氣流籠罩台灣中南部，所形成平流輻射霧。春季，台灣中南部常常出現這種平流輻射霧，荷人對這種大霧未警覺到，而鄭成功則利用這種大霧和「潮漲」一舉攻入鹿耳門。

七月（指農曆）為南海、台灣海峽、巴士海峽多颱風之時期，故荷蘭援將卡烏所率領之軍艦在台灣海峽南部遇到颱風，無法火速增援安平之荷軍，只得馳往澎湖，以致錯失救援之良機。

八月，荷蘭援將卡烏自澎湖來台，企圖盡覆鄭軍，解熱蘭遮城之圍。不幸又碰到「狂風大作」，以致荷艦亂不成列，被鄭成功打敗，此「狂風大作」可能是颱風來襲。卡烏在增援安平之軍事活動中，先後遇到兩次颱風，第一次影響到荷軍增援之軍事活動，第二次則使荷艦亂不成列，以致被鄭成功打敗。可知鄭成功在驅逐荷蘭人的戰役中，曾充份地利用有利的氣象條件，故能打敗荷軍，而荷蘭守軍不重視氣象因素，疏於防備，以致被鄭軍所乘，一舉攻入鹿耳門。後來來自印尼的援軍在台灣又先後遇到兩次颱風，以致先則錯失救援之良機，後則「狂風大作」，軍艦亂不成列，以致被鄭成功打敗，並被鄭成功趕出台灣。

——原載一九八九年四月二十九日《民衆日報》鄉土版。

2／地理環境篇

福爾摩沙沈浮大海

——台灣近代地圖之變遷

一／早期中國地圖上無台灣

中國人很早就已經知道台灣的存在，早在三國時代，東吳孫權曾派衛溫、諸葛直兩人率士兵萬人浮海達夷洲——台灣。這是中國人和台灣本島的首次接觸。到了隋唐時代，國人對台灣雖尚無貿易之來往，但是隋煬帝於大業三年（西元六〇七年）曾派羽騎尉朱寬等人到台灣，因言不相通，掠一人而返。次年，隋煬帝復派朱寬慰撫當地原住民，原住民不從，朱寬取其布甲而還。其後隋煬帝遣武賁郎將陳稜以台灣原

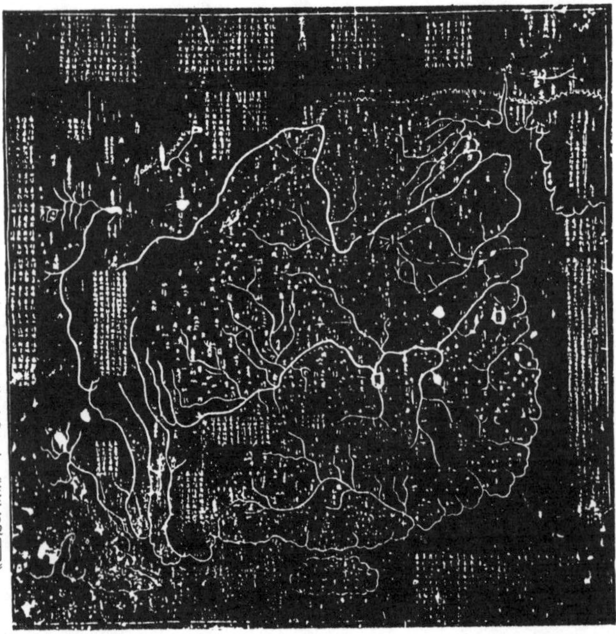

●現保存在西安碑林上的宋高宗時代之《華夷圖》。

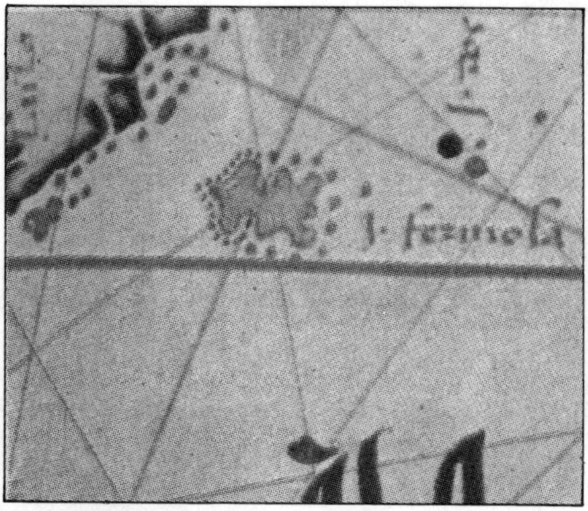

●明末葡人歐蒙所繪世界地圖上的台灣。

住民拒逆官軍，乃以武力擊走之，進至其都，焚其宮室，虜其男女數千人，載軍實而還。《隋書》卷八十一〈流求國篇〉對此歷史及台灣之物產、原住民之風俗人情等記載甚詳。但是在中國地圖上只有海南島，而無台灣。從宋高宗紹興七年（西元一一三七年）十月在金人所統治之西安上石之華夷圖來看，就可看出圖上有萬里長城、朝鮮（韓國）、海南島，獨缺台灣。這是因爲國人雖已到達台灣，但是只限於點線，而未及於面，對台灣的形狀一點都不瞭解之故。

二／明朝時台灣開始出現在地圖上

到了明朝時代，台灣開始出現在地圖上。葡萄牙人歐蒙（Lopo Homen）在明世宗嘉靖三十三年（西元一五五四年）用八幅羊皮紙繪出世界地圖，圖上可以見到台灣，這是台灣最早出現在世界地圖上者，但是美麗島葡文Fermosa（Formosa）誤寫成Fremosa。歐蒙可能係根據葡萄牙航海者之見聞而畫下台灣的，當時將台灣畫成一個比較扁而且有很多凸出形狀的島，四周還有很多小島環繞，位置也不太對，整個島都被畫在北回歸線以北

到了明神宗萬曆元年（西元一五七三年），葡

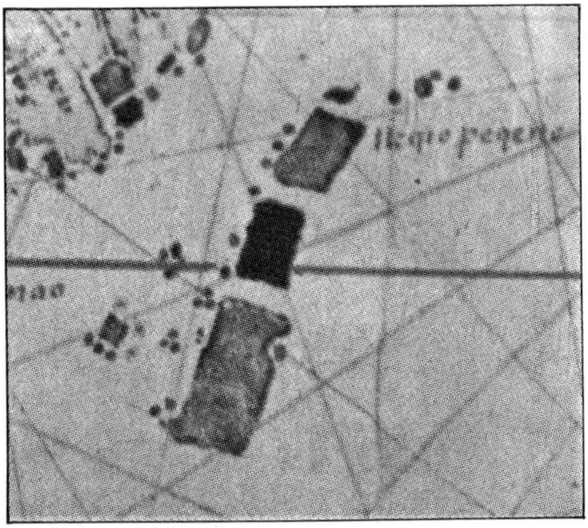

●明末葡人道拉杜所繪世界地圖上的台灣。

葡牙人道拉杜所畫的台灣，形狀變成兩塊長方形，而且將小琉球（今日之琉球）放在台灣的上方，在長方形之小琉球右邊註明 Ik-giopegeno（小琉球之葡文），台灣分成上小下

●明末利瑪竇所編製之《坤輿萬國全圖》上的台灣。

大的兩塊長方形，上塊長方形下邊有北回歸線經過，澎湖群島在下塊之左方。將台灣分成兩塊之原因，可能係葡人誤認爲台灣北部和南部被濁水溪分隔著，而琉球在台灣之北方之故。

明神宗萬曆二十五年（西元一五九七年），西班牙人艾爾南度•第•洛斯•里奧斯（Hernando de los Rios Coronel）所繪台灣島、菲律賓以及中國東南沿海圖，將台灣繪成東北西南向之

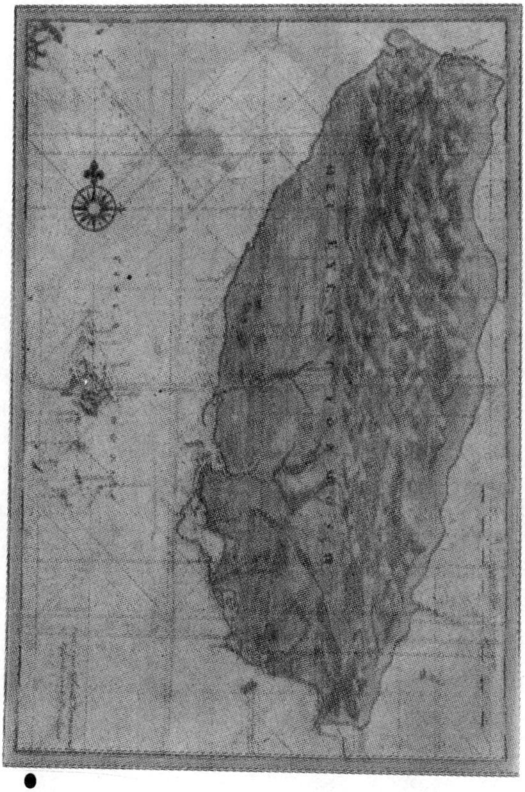

●明末荷蘭人所繪的彩色台灣地圖。

斜長方形，不但形態不正確，而且澎湖也畫得太大，太偏北。

明神宗萬曆三十年（西元一六〇二年），利瑪竇編製世界地圖《坤輿萬國全圖》，吾人可以在圖上看到該圖稱東海爲大明海；稱琉球爲小琉球，樣子像兩個小石頭；稱台灣爲大琉球，樣子像秤錘，北回歸線通過台灣中部。海南島北部註一瓊字，中部繪一山形，下註黎母兩字。

到了明熹宗天啓四年（西元一六二四年），荷蘭人佔領台灣，所屬東印度公司派人勘察全島後，大致明瞭台灣海岸線的形狀、高山和河川的分佈情形，於是手繪的彩色台灣地圖得到很大的進步，除了台灣南端過短以外，台灣的形狀和位置已相當正確。次年，荷人諾爾得洛斯（Jacob Noordeloos）所繪台灣島圖即可爲代表。明熹宗天啓六年（西元一六二六年），西班牙人彼得洛・第・維拉（Pedro de Vera）所繪台灣島和呂宋島之一部分，顯示台灣像紡錘蟲，基隆港港灣也畫得太大。

三／清朝時代的台灣地圖

清康熙二十二年（西元一六八三年），台灣收歸爲清廷之版圖。從此，自閩粵來台墾殖的台灣先民越來越多，聚落也越來越多，因此台灣西半部北起基隆，南迄恒春，已有幾個大城市存在。清高宗乾隆十二年（西元一七四七年），范咸在《續修台灣府志》卷首繪有台灣府全圖，由圖可以看出當時已有鳳山縣（今日之左營）、台灣府城（今日之台南市）、諸羅縣（今日之嘉義市）、彰化縣（今日之彰化市）、淡水廳（今日之新竹市）等五個城市，各個山嶺、河流、

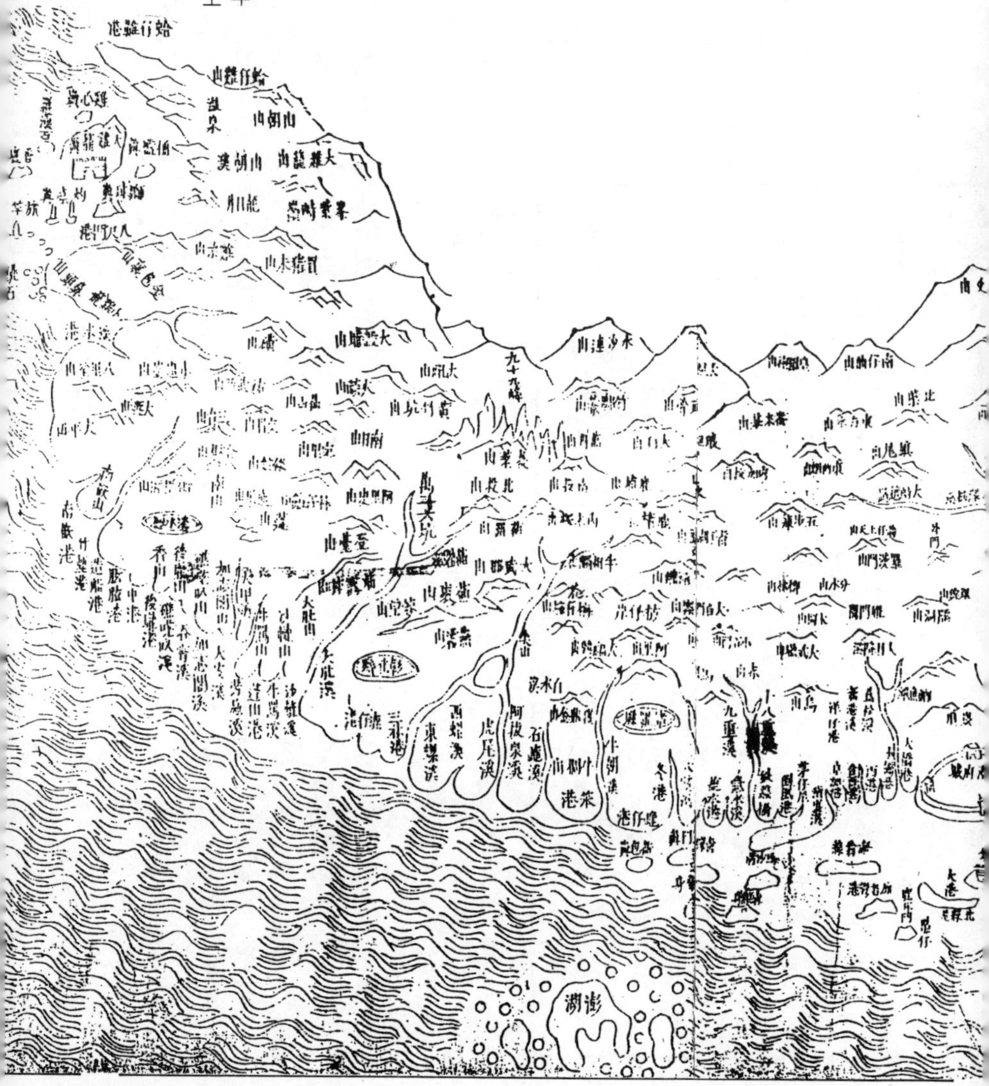

●清高宗乾隆十二年范咸所繪之台灣全圖。

港灣、島嶼之分佈也很詳細。然而從東北部之宜蘭、一直部到東部之花蓮和台東和東南部之大武、滿州等地區，都還沒有開墾，所以在該圖上右方呈現一片空白。

清仁宗嘉慶十二年（西元一八〇七年），謝金鑾在《台灣縣志》卷首也繪有台灣縣境圖多幅，

●清仁宗嘉慶年間，謝金鑾所繪《台灣縣境圖》之一部份。

吾人從這些地圖上可以看出，當時台灣先民已經將台灣西部地區和南部充分開發，所以大大小小的村莊已星羅棋佈地分佈在台灣西半部地區。但是東部地區（花蓮、台東一帶）則尚未開發，所以在台灣縣境圖上尚付闕如。

到了清同治光緒年間（西元一八六〇——一八

九〇年間），台灣東部已經開發，所以在當時所繪的地圖上已有恒春、鳳山、舊城（左營）、嘉義、雲林、彰化、苗栗、新竹、宜蘭等九個縣城，台南、台中、台北等三個省城，埔里、基隆等兩個散廳，以及台東直隸州（在今日之瑞穗）。河流和港灣之分佈詳明，火燒嶼（綠島）、紅頭嶼（蘭嶼）、澎湖群島等均有繪出，舊城（左營）至基隆、滬尾（今日之淡水）至福州以及台南至澎湖之電線亦有標出，各地之道路亦有繪出。可以說，在日據時代（一八九五—一九四五年）前不久的台灣地圖已相當正確了。

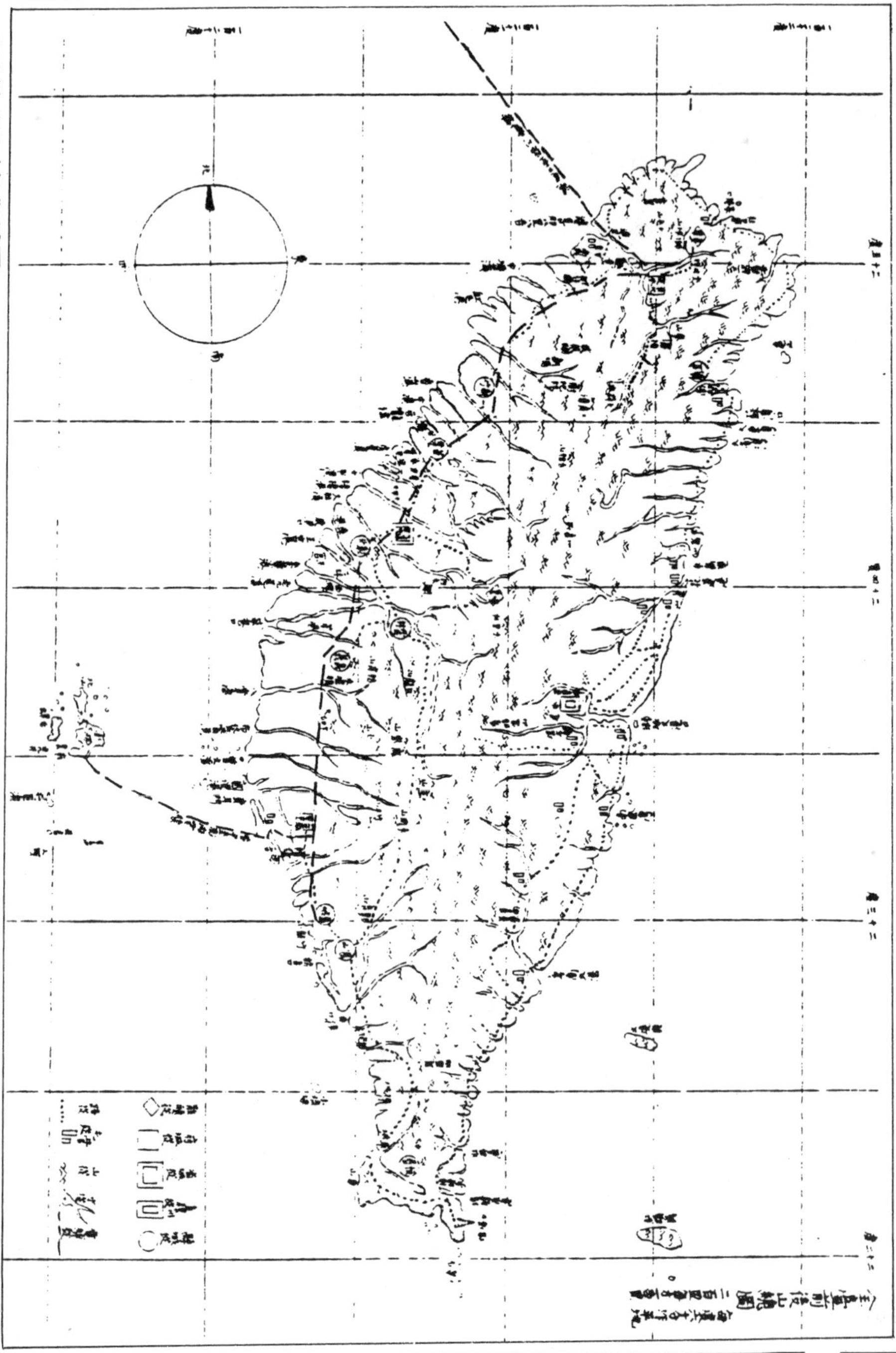

●清末所繪之台灣地圖。

關於島嶼台灣

——最早記載台灣地理的文獻

一／前言

民國七十九年底，許俊雅先生在《中央日報》副刊發表一篇有關台灣史方面的文章，題目是〈台灣第一篇遊記——陳第東番記〉，文中說：「明神宗萬曆三十一年（西元一六〇三年）春天，陳第撰寫了《東番記》一文，翔實敍述台灣的民俗風物，這是中國人記載台灣最早也是最確實的地理文獻。是我國最早介紹台灣風土的文獻。」本人研究台灣地學史多年，認爲這種說法值得商榷。

二／《臨海水土志》對台灣地理之記載

本人認爲最早記載台灣地理的文獻遠早於陳第的《東番記》。

我們知道，古代中國人很早就已經知道在福建東方的大海中，有一個很大的島嶼存在，這就是台灣。到了三國時代，中國人開始和台灣有了第一次的接觸。《三國志》卷四十七〈吳書吳主傳〉第二記載說：

> 黃龍二年（西元二三〇年）春正月，……遣將軍衛溫、諸葛直將甲士萬人浮海求夷洲，……

●台灣的風土，早在三國時代就曾被記錄。

但得夷數千人還。

按三國志記載，孫權之戰將衛溫和諸葛直所率領的士兵有萬人，可以推想，這是一支由數以百計的大型船隻所組成的龐大船隊，他們所訪求的夷洲就是台灣。他們還擄獲數千人而返，由此可見當時台灣已有不少原住民居住。

在衛溫等人東訪五十年後，有一位吳國地方官吏沈瑩寫了一本最早記載台灣地理的書《臨海水土志》，他在書中簡明地描述了台灣的地理位置、氣候、地形、物產、資源，以及人情風俗。全文曰：

夷洲在臨海（今日浙江省臨海縣）東南，去郡二千里，土地無雪霜，草木不死，四面是山，衆山夷所居山頂有越王射的正白，乃是石也。此夷各號爲王，分畫土地，人民各自別異，人皆髠（鬄髮）頭穿耳，女人不穿耳，作室居種，荊爲蕃彰，土地饒沃，即生五穀，又多魚肉，舅姑子婦男女臥息一大牀。能作細布，亦作班（斑）文布刻畫其內，有文章以爲飾好也。其地亦出銅鐵，唯用鹿觡茅以戰鬬耳。磨礪青石以作矢鏃刄斧鐶貫珠璫。飲食不潔，取生魚肉雜貯大器中以滷之，歷日月乃啖食之，以爲上餚。呼民人爲彌麟，如有所召取大空材，材十餘丈以著中庭，又以大杵旁舂之，聞四五里如鼓，民人聞之，皆往馳赴會。飲食皆蹲（坐在地上）相對，鑿床作器如稀槽狀，以魚肉腥臊安中十十五五共食之，以粟爲酒，木槽貯之，用大竹筒長七寸許飲之，歌似犬嗥，以相娛樂，得人頭斫去腦，駮（剝）其面肉，留置骨，取犬毛染之，以作鬚目髮，編貝齒以作口，自臨戰鬪時，用之如假面狀，此是夷王所服，戰得頭，著首還於中庭，建一大木村，高十餘丈，以所得頭差次掛之，歷年不下，彰示其功。又甲家有女，乙家有男，乃委父母往就之，居與作夫妻同牢而食。女嫁，皆缺去前上一齒。

可見三國時代的《臨海水土志》已簡明地描述了台灣的地理位置、氣候、地形、資源，以及風俗人情。當時沈瑩將台灣稱作夷洲，說它位於臨海郡（今日浙江省臨海縣）東南二千里的大海上，「土地無雪霜，草木不死」，「四面是山」，「土地饒沃，既生五穀，又多魚肉。……其地亦出銅鐵。」這應該是最早記載台灣地理的文獻。

三／《隋書》卷八十一流求國篇對台灣地理之記載

到了隋朝時代，漢人又再次大規模地越過台灣海峽前往台灣。隋煬帝大業三年（西元六〇七年）三月，隋煬帝依據航海家何蠻的報告，派遣羽騎尉朱寬偕同何蠻，前往台灣勘察。以後又派陳稜和張鎮洲兩人，率領萬餘官兵再次前往。這一次他們是從義安郡（今日廣東潮州一帶）出海，經過澎湖群島，然後抵達台灣本島中部西岸地方。《隋書》卷八十一〈流求國〉篇對台灣的地理和隋煬帝派軍攻略台灣的經過，都有詳細的記載，全文曰：

流求國，居海島之中，當建安郡東，水行五日而至，土多山洞。其王姓歡斯氏，名渴剌兜，不知其由來有國代數也。彼土人呼之爲可志羊，妻曰多拔茶。所居曰波羅檀洞，塹柵三重，環以流水，樹棘爲藩。王所居舍，其大一十六間，琱（雕）刻禽獸。多鬭鏤樹，似橘而葉密，條纖如髮，然下垂。國有四五帥，統諸洞，洞有小王。往往有村，村有鳥了帥，並以善戰者爲之。自相樹立，理一村之事，男女皆以白紵繩纏髮，從頂後盤繞至額。其男子用鳥羽爲冠，裝以珠貝，飾以赤毛，形制不同，婦人以羅紋白布爲帽，其形正方。織鬭鏤皮並雜色紵及雜毛以爲衣，製裁不一。綴毛垂螺爲飾，雜色相間，下垂小貝，其聲如珮。綴璫施釧，懸珠於頸。織藤爲笠，飾以毛羽，有刀、矟、弓、箭、劍、鈹之屬，其處少鐵，其刄薄小，多以骨角輔助之。編紵爲甲，或用熊豹皮。王乘木獸，令左右輿之而行，導從不過數十人。小王乘機，鏤爲獸形。國人好攻擊，人皆驍健善走，難死而耐創。諸洞各爲部隊，不相救助。兩陣相當，勇者三五人出前跳噪，交言相罵，因相擊射，如其不勝，一軍皆走，遣人致謝，即共和解。收取鬬死者，共聚而食之，仍以髑髏向王所。王則賜之以冠，使爲隊帥。無賦歛，有事則均稅。用刑亦無常准，皆臨事科決。犯罪皆斷於鳥了帥，不伏（服），則上請於王，王令臣下共議定之。獄無枷鎖，唯用繩縛，決死刑以鐵錐，大如筯，長尺餘，鑽頂而殺之，輕罪用杖。俗無文字，望月虧盈以紀時節，候草藥枯以爲年歲。

人深目長鼻，頗類於胡，亦有小慧。無君臣上下之節，拜伏之禮，父子同牀而寢。男子拔去髭鬢，身上有毛之處皆亦除去。婦人以墨黥手，爲蟲蛇之文。嫁娶以酒肴珠貝爲聘，或男女相悅，便相匹偶。婦人產乳，必食子衣，產後以火自炙，令汗出，五日便平復。以木槽中暴（曝）海水爲鹽，木汁爲酢，釀米麴爲酒，其味甚薄。食皆用手。偶得異味，先進尊者。凡有宴會，執酒者必待呼名而後飲。上王酒者亦呼王名。銜杯共飲，頗同突厥。呼歌蹋蹄，一人唱，衆皆和，音頗哀怨。扶女子上膊，搖手而舞，其死者氣將絕，舉至庭，親賓哭泣相弔，浴其屍，以布帛纏之，裹以葦草，親土而殯，上不起墳，子爲父者數月不食肉。南境風俗少（稍）異，人有死者，邑里共食之。有熊羆豺狼，尤多猪雞，無牛羊驢馬。厥田良沃，先以火燒，而引水灌之。技一揷，以石爲刄，長尺餘，濶數寸，而墾之。土宜稻、粱、床黍、麻、豆、赤豆、胡豆、黑豆等，木有楓、栝、樟、松、楩、楠、杉、梓、竹、藤，果藥同於江表，風土氣候與嶺南相類。

俗事山海之神，祭以酒肴，闘戰殺人，便將所殺人祭其神。或依茂樹起小屋，或懸髑髏於樹上，以箭射之，或累石繫幡以爲神主。王之所居，壁下多聚髑髏以爲佳。人間門户上必安獸頭骨角。

大業三年，海師何蠻等，每春秋二時，天清風靜，東望依希，似有煙霧之氣，亦不知幾千里。三年，煬帝令羽騎尉朱寬入海求訪異俗，何蠻言之，遂與蠻俱往，因到流求國。言不相通，掠一人而返。明年，帝復令寬慰撫之，流求不從，寬取其布甲而還。時倭國使來朝，見之曰：「此夷邪久國人所用也。」帝遣武賁郎將陳稜、朝請大夫張鎭洲率兵自義安浮海擊之。至高華嶼，又東行二日至句鼊嶼，又一日便至流求。初，稜將南方諸國人從軍，有崑崙人頗解其語，遣人慰諭之，流求不從，拒逆官軍，稜擊走之，進至其都，頻戰皆敗，焚其宮室，虜其男女數千人，載軍實而還，自爾遂絕。

可見《隋書》對台灣原住民的描述相當詳細，說「男女皆以白紵繩纏髮，從項後盤繞至額。其男子用鳥羽爲冠，冠以珠貝，飾以赤毛，形制不同。婦人以羅紋白布爲帽，其形正方……」，確實是今日台灣原住民所保存之傳統服飾之寫照。又說「人皆驍健善走」，「土多山洞」，「厥田良沃」，「土宜稻、粱、床黍、麻、豆、赤豆、胡豆、黑豆等，木有楓、栝、樟、松、楩、楠、梓、竹、藤，果藥同於江表，風土氣候與嶺南相類」。對台灣地理、物產、氣候、原住民生活之描述比《臨海風土志》還要詳細，較之明萬曆三十一年陳第的《東番記》亦不多讓。

四／結論

由本文之敍述，可知沈瑩在距今一千七百多

年前所寫的，比陳第《東番記》早一千三百年的《臨海風土志》才是最早記載台灣地理之文獻。後來記載更詳細的《隋書》卷八十一〈流求國〉篇，亦較《東番記》早大約一千年。因此陳第的《東番記》並不是記載台灣地理的最早文獻。

——原載民國八十年六月五日—六日《台灣新生報》〈文化點線面〉。

●《隋書》對台灣原住民描述相當詳細。

曾經滄海難爲水

——台灣先民對台灣地形變遷的認識

地形變遷一直進行不停

江河湖泊海洋變爲陸地，陸地轉變爲水域，高山變成平地，平地隆起成高山之情況，自地球形成以來，就一直進行不停，這叫做地形變遷。有以下三種原因造成地形變遷：㈠地殼運動造成地面升降。例如北歐斯堪的納維亞半島一帶上升，其間的海水變淺，海灣面積縮小；荷蘭一帶地面下沉。台灣東海岸下沉，西海岸上升等現象，就是很明顯的例子。㈡由於河流帶來的泥沙淤積，塡海成陸。例如長江、黃河、珠江之入海處，台灣西部濁水溪、大甲溪、大安溪入海處就是最好的例子。㈢由於冰河期過後，冰川融化，或冰河期來臨，使冰川範圍擴大，引起海面升高或下降。台灣在冰河期時代，原和大陸相連，一萬年前，冰河期過去，冰川融解後，海面升高，台灣和大陸之間才下沉成爲台灣海峽。

台灣先民對台北盆地地形變遷之認識

台灣地形自明朝以來也一直在不停地變遷，在局部地區還因特殊的原因而出現水域和陸地

●《諸羅縣志》卷首之台北盆地地形圖。

間的相互變化，例如台北湖的變遷，便是一個很明顯的例子。台北盆地自冰河期結束以來，曾經經歷過好幾次海侵和海退時代。明朝時代台北盆地已變成陸地，當時原住民都住在台北盆地中的河岸地帶。到了清聖祖康熙三十三年（西元一六九四年），台北盆地發生大地震，盆地之一部分發生地陷，海水又侵入盆地中，成爲「康熙台北湖」。康熙三十六年，郁永河奉命來台採硫，並撰《裨海記遊》一書，對台北盆地之地形變遷有詳細的描述，原文是這樣寫的：

五月朔，張大來告屋成。初二日，余與顧君暨僕役平頭共乘海舶，由淡水港入。前望兩山夾峙處，曰甘答門（亦稱干豆門，今日之關渡水隙），水道甚隘，入門，水忽廣，漶爲大湖，渺無涯矣！行十里許，有茅廬凡三十間，皆依

●《諸羅縣志》卷首之淡水、關渡、北投地形圖。

山面湖，在茂草中，張大為余築也。余為區劃，以設大鑊者二，貯硫土者六，處夫役者七，……。張大云：此地高山四繞，周廣百餘里，中為平原，惟一溪流水，麻少翁（今日之北投）等三社緣溪而居。甲戌（康熙三十三年）四月，地動不休，番人（原住民）怖恐，相率徙去，俄陷為巨浸，距今不三年耳。指淺處猶有竹樹梢出水面，三社舊址可識。滄桑之變，信有之乎？（亦見於《採硫日記》卷中）

由前文之記載，可知清聖祖康熙三十三年，大地震前，海水已完全退出台北盆地，盆地地面大部分已露出水面，麻少翁附近盆地最低處，亦有一河流流過，原住民（番人）緣河而居，附近叢生竹樹。至康熙三十三年四月發生大地震以後，盆地一部分發生地陷，陷落程度大約在五公尺以下。關渡一帶遂成一大湖泊，面積甚廣，而看不到對岸，海船亦可航行，深入盆地內，故湖水一定不淺，與大地震後三年撰成之《諸羅縣志》卷首台北盆地地形圖，淡水、關渡、北投地形圖相比較，可以推知當時湖面應和現在十公尺等高線相當，湖面積大約一百五十平方公里。湖水淹沒盆地之西北大部分，僅東南部（今日之松山區）及西南部之中和、板橋、新莊等地之地面露出水面，大湖為鹹水湖，由地震後地陷所引起之海水入侵而成。當時大型船舶可以從淡水溯湖而上至今日之萬華一帶。

繪於雍正及乾隆初年之〈台灣圖附澎湖群島圖〉（該圖未誌作者，現珍藏於故宮博物院），亦顯示當時台北盆地除了士林、北投、關渡、永和、中和、板橋等地為陸地外，皆為汪洋一片之大湖，在武勞社（今日之新莊）還可泊大船。到了乾隆中期，所繪之〈台灣圖〉（該圖亦未誌作者，珍藏於故宮博物院）則顯示台北湖已因地形上升，以致變成陸地，有基隆河、秀朗溪（今日之新店溪）、雪裡溪（淡水河）等流貫其間，與今日之情況類似。此外，還可看出當時基隆是一個較大的島，和台灣東北部陸地之間被八尺門和艋舺渡分隔著。後來，台灣北部地形上升，基隆才和台灣北部陸地相連，成爲今日之情況。

台灣先民對西海岸地帶地形變遷之認識

台灣西海岸是上升型海岸，明末清初，台南市赤崁樓城外及曾文溪下游、八掌溪下游皆爲海洋。《巴達維亞城日記》有以下之記載：

一六二四年（明思宗崇禎十年），荷人據安平港灣，水深七—八尋（一尋相當於七．五尺），使船舶停泊，灣廣大，長三浬，可停船之圓形魚筌狀處深十尋……。

可見當時安平港灣一直伸入到台南市赤崁樓之北面、西面及南面皆爲港灣，港灣廣大，而且相當深，船隻十分多。《巴達維亞日記》卷首也繪有荷人據台時期，赤崁樓及周圍之港灣地圖。乾隆十七年（一七五二年）王必昌所撰之《台灣縣志》和嘉慶十二年（一八〇七年）謝金鑾所撰之《台灣縣志》卷首都繪有「鹿耳連帆圖」，由圖可以看出從安平到台南都是一片汪洋，巨浪濤濤，船隻可以直通內海。而今日

●繪於雍正及乾隆初年之台灣圖北部一角。

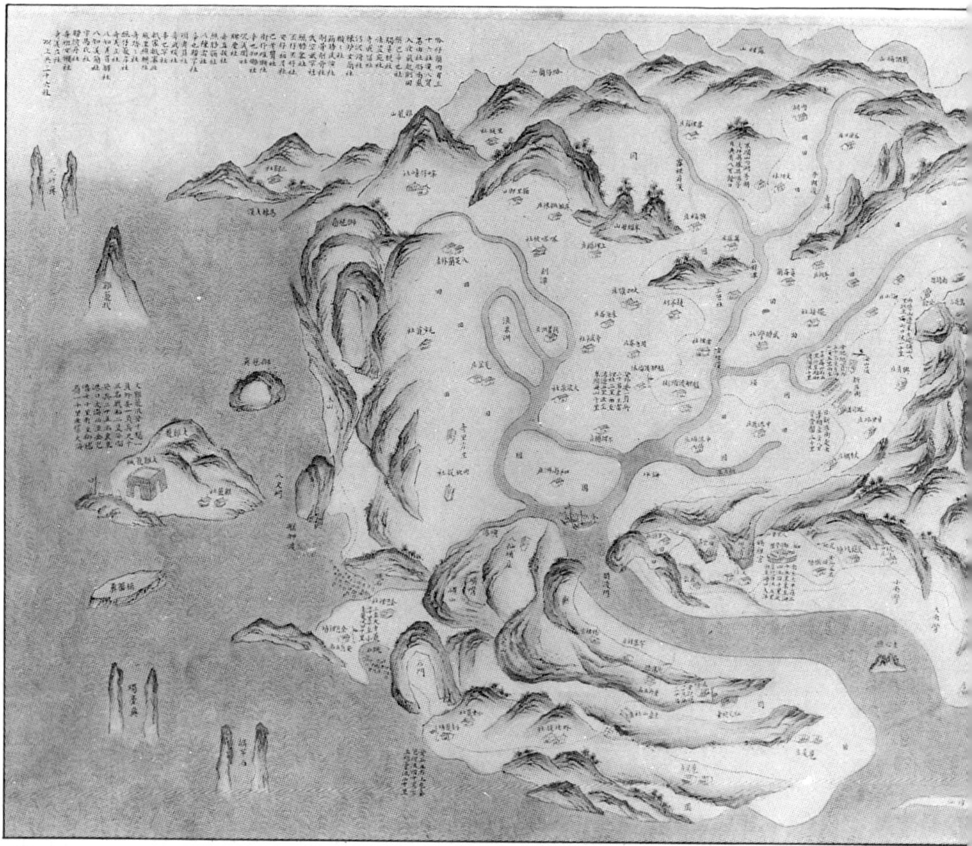

●繪於乾隆中期之台灣圖北部一角。

之海岸線，則已向西移達數公里之遙。民國九年，連橫在《台灣通史》卷五〈疆域志〉，安平縣條中說：「道光二年（一八二二年）夏秋淫雨，兼旬不霽，曾文灣裡各溪之水溯漲而出，塗泥歸虛，積爲平陸，而滄海變爲桑田矣！安平鎭之左爲鯤身，右爲管仔埔，其西則鹿耳門，……荷蘭鄭氏之時，均築砲台，守海道，今亦半沉，僅存沙汕，巨舟不能入，其大者須泊四草湖。」可以證明曾文灣和安平、台南滄桑之變。

至於濁水溪、八掌溪和鹿港間之擺蕩現象及改道頻繁現象，在康熙五十六年，陳夢林、李欽文等撰成之《諸羅縣志》卷十二也有記載說：

東螺溪（今日之濁水溪）分自虎尾牛相觸，與虎尾西螺迭爲消長。有時虎尾漸涸，獨受阿拔泉一流（舊虎尾溪）。阮參將詩「去年虎尾寬，今年東螺滄」；又云「餘流附入阿拔泉，虎尾又名猶相沿」是也。大抵沙土遷決盈涸無常，故此盈彼涸，俱不可定。大線頭昔爲大澳，舟出外洋，於此候風；鹿仔港，台子港舊可泊巨

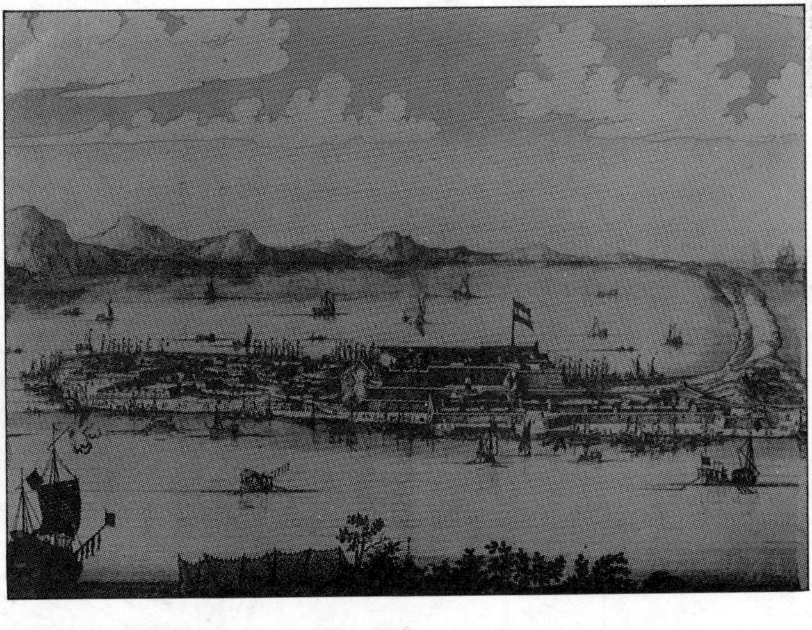

●《巴達維亞城日記》卷首之赤嵌樓及港灣圖。

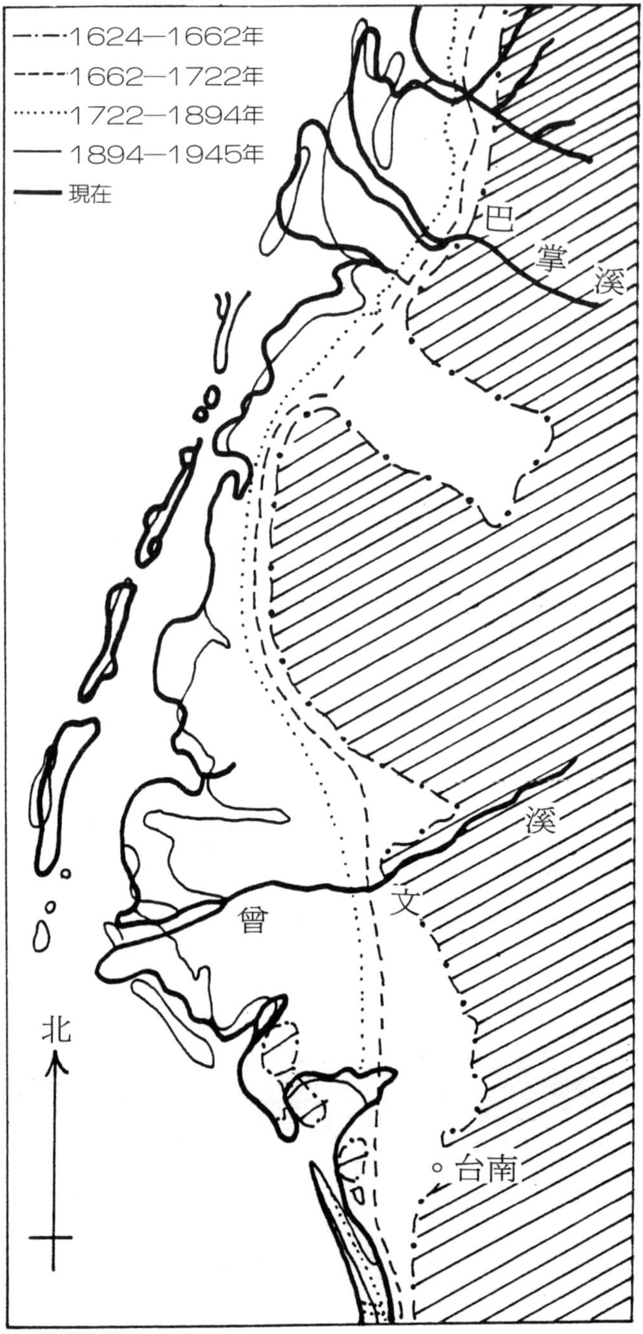

●台灣西海岸變遷圖。(斜線區爲明末時陸地)

艦，今俱沙壅。沈文開雜記：「台灣當混沌時，總屬茫茫大海，中峙高山；因水歸東南，漸現沙土，所以地浮而常動。」滄海桑田，理成然也。

藍鼎元在《東征雜記》中也說：「惟東螺（濁水溪）清濁不定，且沙土壅決盈涸無常。」說明濁水溪河道盈涸和改道頻繁之特殊現象。

對滄海桑田相互變遷之認識

台灣先民對滄海變桑田，桑田變滄海的思想，在清代也曾經累積了一些寶貴的知識。清康熙二十三年（西元一六八四年），高拱乾在《台灣府志》卷九〈災祥篇〉中記曰：「康熙二十二年癸亥春，鯽魚潭涸。此陴爲台灣巨澤，從來不竭，鄭氏時夏五月大雨水，淫雨連月，鄭氏之田阡陌多被沖陷，有高岸爲谷之嘆！」說明湖泊有滄桑之變現象。清高宗乾隆六年（一七四一年），劉良璧在《重修台灣府志》卷十九〈雜記篇・詳異叢談〉中說：

> 大岡山之頂，蠣房殼甚多，滄海桑田，亦不知其何時物也。

按蠣房殼即貝殼和牡蠣化石，當時台灣先民觀察到台灣西南部大岡山山頂之貝殼和牡蠣化石，因而聯想到台灣西南部過去滄海桑田之變遷。清德宗光緒十七年（一八九一年）唐贊袞在《台陽見聞錄》卷下〈山水篇〉大岡山條中也記載說：

> 大岡山：今山之巔，牡蠣螺蚌遺殼甚夥，山去番既遠，且上無居人。彰化胡雄白明府云：彰化諸高山在治內者亦然，豈台地諸山昔在海中耶？

說明台灣先民在大岡山和彰化山地看到甚多牡蠣和貝殼化石，因而聯想到這些山地過去是在海洋中，後來因地殼上升而隆起成山地的，觀念正確，合乎現代的地質學學識。

結語

由本文之論述，可見台灣先民對台北盆地地形之地形變遷、西部海岸地帶地形之變遷以及滄海桑田相互變遷等現象，都有深刻的認識，並記載在清朝時代的文獻中。吾人應將台灣先民所留下的這些文獻，好好地加以整理，以彰顯台灣先民對自然界現象之敏銳觀察以及探討科學的研究精神。

——原載民國七十九年五月二十八日《民眾日報》鄉土版。

●王必昌和謝金鑾所撰之《台灣縣志》卷首都繪有鹿耳連帆圖。

天搖地動泣鬼神

——台灣歷史上的地震紀錄

台灣位於歐亞大陸板塊和菲律賓海洋板塊相碰撞之處，亦位於環太平洋地震帶西側之中部，因此經常發生地震，造成極慘重的災害，台灣先民對地震之發生和所造成之災情也就特別注意調查，並記載在方志和筆記小說以及遊記中。茲將日據時代以前，記載在《巴達維亞城日記》、《台灣府志》、《裨海記遊》、《諸羅縣志》、《重修台灣府志》、《雲林采訪冊》、《台灣采訪冊》、《淡水廳志》、《噶瑪蘭廳志》、《台陽見聞錄》、《重纂福建通志》、《安平稅關氣象表》、《台灣通史》等文獻中的地震紀錄，依發生之年代、地點、事實和災情等，整理如下。

一、明思宗崇禎十七年（清世祖順治元年，西元一六四四年七月三十日），台南地震，城壁龜裂傾倒。

二、清世祖順治十一年（永曆八年）十二月十四日（西元一六五四年一月二十一日）台南、高雄地震，餘震繼續三週。

三、清世祖順治十六年（西元一六六一年二月十五日），台南地震，民屋倒塌二十多棟，死者多人，熱蘭遮城多處龜裂。

四、清聖祖康熙二十五年四月二十日辰刻（西元一六八六年）地震。

五、清康熙三十三年（西元一六九四年）四月，台北盆地地動不休，番人怖恐，相率徙去，俄陷為巨浸。

六、清聖祖康熙五十年九月十一日戌時（西元一七一一年十月二十二日）嘉義地震。全台皆震，民屋倒者甚多。

七、清聖祖康熙五十四年九月（西元一七一五年）地震。

八、清聖祖康熙五十九年冬十月初一（西元一七二〇年十一月一日）台南地大震。十二月八日（西元一七二一年一月五日）台南又震十餘日，壞屋殺人無數，地噴泥。抵次年夏未止，數日一震或日震數次。

九、清世宗雍正十三年十二月十七日夜丑時（西元一七三六年一月二十九日），諸羅灣裏街（今日台南、嘉義、彰化）地大震兩次，倒壞民居，壓死甚多，賑銀七百兩。事聞，動銀三千兩賑之。

十、清高宗乾隆十七年夏六月（西元一七五二年），台南地震。

十一、清高宗乾隆十九年夏四月（西元一七五四年四月），淡水地大震，毛少翁社（今日士林區社子一帶）陷為水。

十二、清高宗乾隆四十二年冬十一月（西元一七七七年十二月十一日）地大震，諸羅尤烈，壞屋殺人。

十三、清高宗乾隆五十七年六月二十二日申時（西元一七九二年八月七日），台南地震烈，人多奔逸，鳳山亦震，諸羅大震，屋倒十分之六，三城門倒塌。各地死者共六一四人，傷七四〇人。

十四、清仁宗嘉慶十六年二月二十四日寅刻，北部霪雨連旬，是日大震，震後如霽。淡水南門城樓倒塌，彰化、諸羅亦有死傷，少數民房倒塌。梅子坑地裂。

十五、清仁宗嘉慶二十年九月十一日（西元一八一五年十月十三日），淡水、彰化、南投、桃園、台南、鳳山、澎湖皆震，桃園損失尤重。十二日丑時又震。九月二十日（一八一五年十

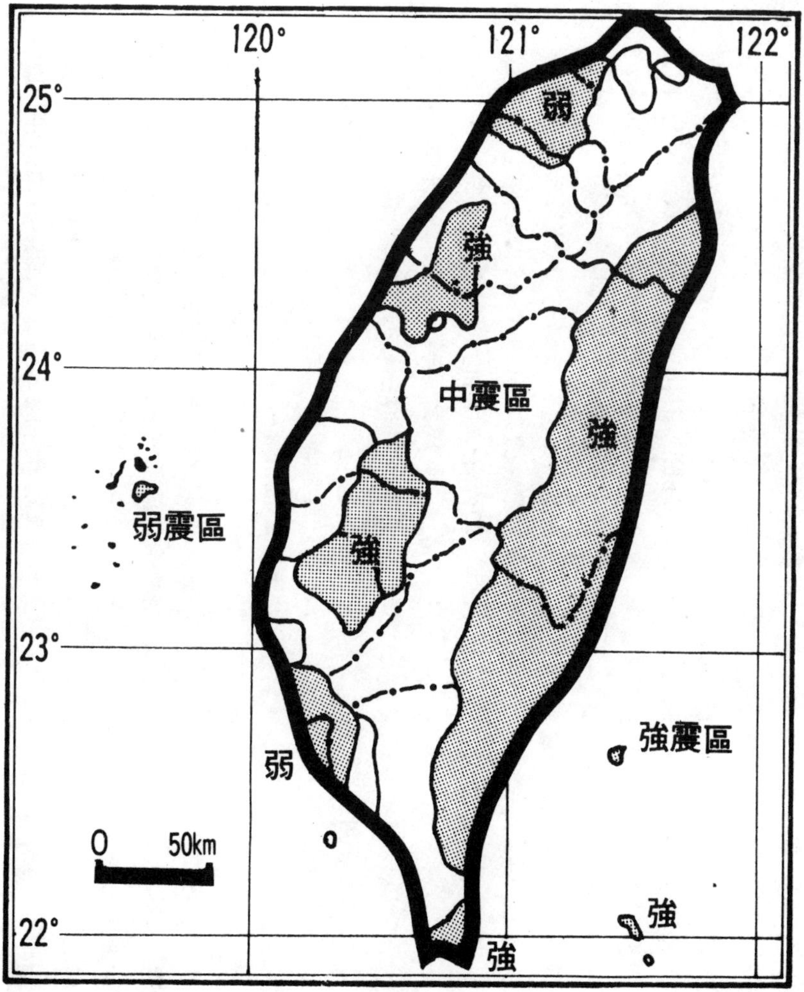

●台灣地區地震強度分佈圖。

月二十二日）戌時，台南又震。共倒屋二五〇間，死九十餘人。

十六，淸仁宗嘉慶二十一年（西元一八一六年），噶瑪蘭（宜蘭）地大震，家屋倒潰多數。

十七、淸宣宗道光三年（西元一八二三年）春正月甲寅初三夜，地大震。

十八、淸宣宗道光十三年十一月三日（西元一八三三年十二月十三日），噶瑪蘭地大震，家屋損壞多數。

十九、淸宣宗道光十八年（西元一八三八年）台邑十月十七日辰刻，郡城微震。

二十、淸宣宗道光十九年五月十七日（西元一八三九年六月二十七日），嘉義、彰化地震，家屋倒潰，山崩。

廿一、淸宣宗道光二十年（西元一八四〇年）冬十月，地大震，嘉義山崩。

廿二、淸宣宗道光二十五年（西元一八四五年），彰化、諸羅地震。

廿三、淸宣宗道光二十八年十一月八日（西元一八四八年十二月三日）辰刻，台南、彰化、嘉義同時地震，由南而北，約一小時乃止，鹿港損失最重，嘉義次之，彰化屋倒十居六七，死一千數百人；嘉義倒屋九百八十戶，死千餘人，彰化城垣堞牆，傾圮殆盡，官廳、兵舍、學校、祠廟以及民房倒塌十之七八，死者二百餘口。

廿四、淸穆宗同治元年五月九日（西元一八六二年六月五日）台南、嘉義、彰化地震，家屋倒潰，死傷無數。台南城垣震壞，民屋五百戶倒塌，死三百人以上，災民一千人。嘉義城亦受損。

廿五、淸穆宗同治六年十一月十三日（西元一八六七年十二月十八日）全台地震，以基隆為最，是日有十五次地震，基隆殘垣斷壁，滿目瘡痍。基隆港水忽而向外海退去，致使港底暴露，忽又向岸上衝來，使船舶登陸，撞毀岸上屋宇。有些地方土地裂開再而復合。山坡裂開成峽谷，有溫泉沿著峽谷流動，港內拋錨處增深一尺，死亡可能達數百人。

廿六、淸穆宗同治十三年（西元一八七四年）

五月十一日夜，台南忽大震，幸無損失。

廿七、清德宗光緒七年（西元一八八一年）正月二十日未刻，台北府新竹、淡水兩縣地震，不久即止，惟新竹連震數次，倒屋兩百餘戶，死十餘人。萬華亦有死傷者。

廿八、清德宗光緒八年（西元一八八二年）十月二十九日至十一月四日，台灣府、台北府地震。台灣府安平口倒屋，兵房震裂，鳳山、嘉義倒屋十餘間，死二—三人；彰化倒屋二十餘間，死五人。台北府之淡水、新竹、宜蘭三縣皆無損失。台灣府城及恒春縣亦然。

廿九、清德宗光緒十八年三月二十六日（西元一八九二年四月二十二日）台南安平地震，家屋倒潰多數。

由本文之敍述，可見自明末以來的兩百多年中，台灣先民共記載了二十九次的地震紀錄，分析此二十九次地震，可見台灣在清朝時代，大約平均十年即發生一次大地震。比較強烈，規模在七級以上的大概有七次，即：

㈠清世祖順治十六年（西元一六六一年）二月十五日發生在台南之大地震。

㈡清聖祖康熙五十年（西元一七一一年）十月二十二日發生在嘉義之大地震。

㈢清高宗乾隆五十七年（西元一七九二年）八月七日發生在嘉義之大地震。

㈣清宣宗道光十九年（西元一八三九年）六月二十七日發生在嘉義之大地震。

㈤清宣宗道光二十八年（西元一八四八年）十二月三日發生在彰化之大地震。

㈥清穆宗同治元年（西元一八六二年）六月五日之嘉南大地震。

㈦清穆宗六年（西元一八六七年）十二月十八日發生在基隆之大地震。

由此可知，我們的先民所留下的這些地震紀錄也是十分寶貴的文化遺產，值得我們好好加以分析和研究，進而提供我們從事地震長期預測之參考。又統計前述近三十次地震紀錄之地理分佈情形，可知北自宜蘭、基隆，南迄高屏，古代都留有地震紀錄，和今日情形相同。惟今日強烈地震最常發生的花蓮、台東地區，在台灣古代文獻中，並沒有發現有地震紀錄，是因爲台灣東部的原住民沒有文字可資留傳，而漢人開拓東部的年代又甚遲之故。由台灣規範震區劃分圖，可看出今日宜蘭、花蓮、台東、台灣南端、苗栗、台中、彰化、雲林、嘉義、台南等縣市，都屬於強震區。基隆市、台北縣市、南投縣、高雄縣、屏東縣等地，屬於中震區。僅桃園縣、高雄市、澎湖縣等地，屬於弱震區，與台灣古代文獻中所記載的地震紀錄，大致符合，可提供吾人從事防震，抗震建築參考。

●台灣地區地震頻仍，經常造成許多災害。

3／地質礦產篇

捧沙篩濾點點金

——台灣原住民的淘金史

黃金是人人喜歡的東西，所以十九世紀中葉美國舊金山附近曾經發生淘金熱。其後，澳洲墨爾本附近又發生淘金熱。兩者皆曾經吸引不少中國人前往參與，雖已事隔一百多年，然而當時之盛況，猶未被人們遺忘。

台灣的金礦最早被原住民（山地同胞）發現，並加以開採利用，所以明清時代，台灣的原住民也曾經有一段淘金史。在台北縣瑞芳鎭金瓜石、九份、武丹坑一帶的基隆火山群是第四紀更新世時代的地下岩漿（石英安山岩）侵入第三紀中新世的砂岩和頁岩中，產生熱液變質作用，金脈夾在石英安山岩中，金礦和銀礦、銅礦、黃鐵礦共生，但是以金礦爲主，所以台灣的原住民很早就已經認識它，並加以開採、利用。在花蓮縣和台東縣境內中央山脈脊樑部分的第三紀始新世石英岩中也含有金礦，含金石英脈受到雨水和河水侵蝕後，所含之金粒就沉積在河床的泥沙中，成爲砂金，所以花蓮縣和台東縣山中的原住民很早就已經在立霧溪、木瓜溪中淘金了。遠在明思宗崇禎十年（西元一六三七年），《巴達維亞城日記》即記載當時台東原住民擁有黃金的情形，文曰：「中國人親見卑南覓土番（台東原住民）有黃金，亦知其金礦所在。」《巴達維亞城日記》並記載清世祖順治元年（西元一六四四年）金瓜石一帶原住民使用黃金之情形說：「基馬武里多黃金，土番每年在特拉波安交易約計四十勒阿爾之金。：砂金不經鑄造而打平者，每重一勒阿爾：出價銀八勒阿爾，此物弓形如鍊，用以裝飾彼等之耳及胸。三貂角土番找金，特拉波安土番具有金銀之知識，亦知試驗此物之試金石，此金在大雨時，能發現其混入海岸砂中。」說明清初原住民對金瓜石之金礦已經加以開採，並普遍地使用。

到了清聖祖康熙年間，季麒光在《台灣雜記》中記載金瓜石一帶的金礦和原住民採用金礦的情形，文曰：

> 金瓜石在雞籠山三朝溪後山，主產金，有大如拳者，有長如尺者，有圓扁如石子者。番人拾金在手。小者亦聞有取出山下水中，砂金碎如屑，其水甚冷，番人從高望之，見有金，捧沙疾行，……。（亦見《諸羅雜記》及《台灣記略》）。

說明金瓜石的金礦有大如拳者，也就是我國先民所稱之「狗頭金」。另外還有長如尺者，有圓扁如石子者。基隆河上游河床中還有源自山金之砂金。砂金如屑，就是古時候中國人所稱之「瓜子金」。

周元文在清聖祖康熙五十一年（西元一七一二年）的《台灣府志》卷十七〈金石篇〉中也曾經描述原住民在蘇澳鎮武老坑溪上游淘金的情形。文曰：

> 港底金（砂金）在蛤仔難內山，港水深而且冷，生番沉入，信手撈之……。金如碎米粒。（亦見於《台灣志略》及《台灣紀略》）

清高宗乾隆二十八年（西元一七六三年）朱仕价在《小琉球漫志》卷八產金篇中寫得更詳細，文曰：

> 諸羅雜記云：蛤仔難內山港產金，……生番沉入，信手撈之……。全如碎米粒，雜沙泥中，淘之而出。或云：內山深處有金山，人莫知所在，番人世相囑，不令人知。（亦見於《台陽見聞

錄》第二冊）

說明蘇澳武老坑溪上游河床的沙泥中有如碎米粒的砂金，原住民已從事淘金。

對於花蓮縣奇萊大山（清初稱爲「哆囉滿」）河床中的砂金以及原住民淘金的情形，也有一些文獻記載。例如朱仕价在《小琉球漫志》卷八〈產金篇〉中說：

哆囉滿（亦番社名）產金，從港底（立霧溪）泥沙中淘之而出，與雲南瓜子金相似。

《台灣紀略》記載得更詳細，文曰：

台灣山後出金，其他土番皆傀儡種類，未入聲教，人跡罕到，自上淡水乘蟒甲，從西徂東，返而自北而南，溯溪而進，匝月方到。其出金之水流從上下之東海，與此溪無異。其他山枯水冷，巉岩峻峭，洩水下溪，直至返流之處，聚有金沙。土番善泅者，從水底取之，如小豆粒。巨細藏之竹簏，或秘之瓿甎（小罌），間出交易。……

沈光文《平台灣序》亦云：東番社山藏金礦。王後山《台灣賦》亦言：蛤仔難之產金，寒潭

●每當颱風豪雨過後沙灘正是最好的淘金之所。

難入。」

說明花蓮山中立霧溪中之砂金如小豆粒，原住民是游泳潛至水底淘取砂金的。

清康熙年間郁永河在《番境補遺》中也有記載說：

哆囉滿（奇萊大山）金淘沙出之，與雲南瓜子金相似，番人鎔成條，藏巨甓中，客至，每開甓自炫，不知所用。近歲始有携至雞籠淡水易布者。

所記載的內容和前面所說的相似。

對立霧溪流域和蘇澳武老坑上游金礦都一起加以記載的，有清乾隆元年（一七三六年）黃叔璥在《台海使槎錄》卷六〈番俗六考附載〉中之記載：

多囉滿產金，淘沙出之，與瓜子金相似，番人鎔成條藏巨甓中。客至，每開甓自炫，然不知所用，近歲始有携至雞籠、淡水易布者。

台灣山後，其地土番皆傀儡……自上淡水乘蟒甲從西徂東，返而自北而南，溯溪而進，匝月方到，其出金之水流從山後之東海，與此溪無與，其地山枯水冷，……洩水下溪直至返流之處，有金砂，大番善泅者從水底取之，小如豆粒藏之竹篦，或秘之瓿甎，間出交易。

蛤仔難有金，井水極寒，番淘金，先置火及酒於井旁，懸籐絙入取井底泥沙，口含手掬，急挽而上寒不可支。飲酒向火，良久，乃如常。有得一二錢者，有數分者，亦有一無所得者。既非兼金，且散碎難鎔，冒死求利，番人每苦爲之。或云：後山倒咯滿，南有金沙溪，沙從內山流出，近溪番婦淘沙得金。後爲蛤仔難番所據。

按第一段所言，係指奇萊山立霧溪流域之砂金。第二段原文引自《台灣紀略》。第三段係指蘇澳武老坑溪上游之砂金。

由本文之記述，可知明末清初閩南粵東之福佬人和客家人還沒有大量移民台灣之前，台灣原住民對瑞芳金瓜石之金礦和花蓮奇萊大山立霧溪、蘇澳武老坑溪之砂金已有深刻的認識，並加以開採利用。近聞金瓜石金礦礦場有開設金礦博物館之議，如成爲事實，則當局應將明末清初台灣原住民開採金礦之資料展列於金礦博物館內，以彰顯台灣原住民對開發台灣地下資源之貢獻。

——原載民國七十八年十二月三日《民衆日報》鄉土版。

黑坑裏的吶喊

——台灣先民對煤礦的認識和開採

台灣的煤礦分佈在北部和中部山區

台灣北部和中部地區在地質時代第三紀漸新世和中新世時期，曾經經歷瀉湖、濱海及內陸淺海的沈積環境，故在第三紀漸新世至中新世地層中，自下而上共有三個含煤層。最下部的是漸新世的澳底煤系，含有厚二十五公分的煤層三層。中部的是中新世石底層煤系，這個含煤層是台灣所有的煤田中，煤床最厚，分佈最廣的一個煤層，其中夾有五至七層煤層，厚十公分至一公尺。最上部的是南莊層，可以苗栗縣南莊鎮的煤田爲代表。基隆到中和之間的許多較大煤田大部分屬於中新世石底層。

台灣先民早在清朝時代就已經開採煤礦

分佈在基隆和台北之間的煤田有很多暴露在山區地表面上的煤礦露頭，所以它很早就已經被我們的祖先發現，並加以開採使用了。例如清初《巴達維亞城日記》就記載說：

一六四四年（清世祖順治元年）四月雞籠（今日之基隆）及淡水地方發現硫磺及煤礦，硫磺

●煤田有很多暴露在山區地表上。

甚多，而石炭則因開掘地殼困難，恐不易採。長官獎勵採掘，本年期其能少量輸送。

雞籠之煤礦開採後，由雞籠港輸出，惟產量不多。

可見明末清初，基隆附近的煤礦已經被我們的先民開採了，惟當時產量不多，故外銷之數量亦有限。

到了康熙年間，台灣先民對煤礦的性質又有了更深入的瞭解。康熙五十六年（西元一七一七年）由周鍾瑄監修，陳夢林、李欽文撰寫的《諸羅縣志》卷十〈物產志・貨之屬〉煤炭條記載說：

煤炭─灰黑，氣味如硝磺。可以代薪，焰甚烈，台灣北方多用之。出雞籠（基隆）八尺門諸山。傳荷蘭駐雞籠時，煉鐵器皆用此。

說明台灣北部煤礦之顏色灰黑，氣味像硫磺，燃燒時火焰甚烈，可以代薪，出產在基隆七堵、八堵到汐止之間的山地中，荷蘭人佔據台灣時，已將煤礦作爲煉鐵之用。

後來隨着農業和經濟的發展，台灣北部之煤

礦也被台灣先民一一加以開採。清文宗同治十年，陳培桂在《淡水廳志》卷四〈賦役志・關榷節〉煤場條中記載同治年間，台灣北部煤礦礦場分佈及其開採情形說：

深澳坑，周圍五里，距雞籠街八里，海口七里。凡六洞，現開五，閉歇一。

深澳堵，周圍三里，距雞籠街二十二里，海口六里。凡八洞，現開五，暫停三。

八斗仔土地公坑，周圍五里，距雞籠街十八里，海口八里。凡二十二洞，現開二，暫停十三，閉歇六。

八斗仔竹篙厝，周圍五里，距雞籠街十八里，海口五里。凡十七洞，現開九，閉歇八。

八斗仔偏坑，周圍三里，距雞籠街二十里，海口五里。凡一洞，現開。

田寮港，周圍三里、距雞籠街三里，海口一里。凡一十六洞，現開十，閉歇六。

后山，周圍三里，距雞籠街五里，水口三里。凡十一洞，現開十，閉歇一。

石硬港，周圍一里許，距雞籠街二里，港口

●荷人據台時已將煤礦作爲煉鐵之用。

一里。凡四洞，現開二，暫停一，閉歇一。

石碇堡之暖暖、四脚亭，周圍一里許，暖暖距雞籠街八里，四脚亭距暖暖一十二里，溪河水口一里。凡四洞，現開。

暖暖之大水窟，亦名后山，周圍一里許，距雞籠街五里，田寮港之水口三里。凡三洞，現開。

雞籠山以肖形名。同治六年，地震崩缺，改名奎臨。向有仙洞，實煤窰也。土人鑿售內地爲壅田用。開挖既甚，恐傷龍脈，乾隆間已立碑示禁，淹沒失考。道光十五年，同知婁雲復據紳民稟，通詳禁止。二十七年，同知曹謹詳奉重禁。三十年英國公使請挖取未行。同治三年福州稅務司議請詳商租賃開挖，滬尾稅務司亦赴省呈請入山開煤，時值全台紳民公議，雞籠一帶房合境來龍，地脈攸關，近聞訛言山根生煤，慮或偷挖傷損，請官立禁。台灣道府據情稟詳巡撫徐宗幹，經咨總理衙門察照在案。而船政局既設，民間私採，幾不可復禁。九年正月間，總督英桂札飭台道，雞籠煤窟應就地方民情，悉心體察，派員講求辦法。署台灣道黎兆棠概令淡水廳會同海關委員劉青藜，並專委江蘇候補知府故斌，馳往雞籠查勘。勘得海港東邊之深澳坑、深澳堵、八斗仔、土地公坑、竹篙厝、偏坑、田寮港、后山、石硬港、暖暖、四脚亭、大水窟等處，皆屬旁山。無礙正脈，去民居遠，於田園廬墓，亦無妨碍，計得九十二洞。閉歇者二十三洞。煤已竭無可開，地歸山主，暫停者二十一洞，賤値滯銷，淺流難運，遂停工。現開者四十八洞，中如四脚亭四洞，夏秋間亦水淺，轉運爲難，停工未採，至八九月始開。於是傳集山主紳户人等，商定章程，此開禁之始也。按煤凡三等，徑户大塊至四五寸者曰角煤。爲輪船用，每擔百觔（斤），値銀壹角肆伍陸尖。徑二三寸至一寸半者曰中煤，百觔値銀約壹角貳或貳叁尖。其下碎屑者曰煤粉，百觔値銀約叁肆尖，賤甚。綜核所產，自同治二年八月開口，洎今九年，少者十餘萬擔，多者三四十萬擔，向例照新修稅則，土煤百觔，減爲洋稅銀五釐，徵收釐金不過半稅，惟福建

●煤礦是台灣早期重要的地下資源。

船政採運公用，應除釐稅。其山主贌户，成本無多，非商賈比，免其山稅牙帖，防礦空稅在也。今議深澳坑等處，樹立界碑，界外仍禁採取，界全不得租賃外人，私行典賣。各洞相距南北二十餘里，東西五六里，除閉歇外，合現開暫停，計凡六十九洞。擧整數言，以七十洞爲率，不得再添。煤户應本籍人，身家廬墓在此，聯結保充，塡給執照。其曾在洋行管事服役者斥之。雇工亦只准淡轄，距洞五十八里内人，每洞不得過二十名，煤户具結保之。煤户工役人等，仍遞相結保。買賣俱令報行，官爲查察調度。如有不就行郊，自向煤礦買運，以違約論。別請派員，設局試辦，並造機器，詳載廳册，奉准試行。

由前文之記載，可見清文宗同治年間，台灣北部之煤礦礦場共有九十二個，停開的煤礦礦場共有二十三個。當時所開採的煤礦按大小分三等，直徑大至四五寸的叫做「角煤」，專門供給輪船使用，每擔（一百斤）價錢爲壹角肆伍陸尖銀元。直徑二三寸到一寸半的叫做「中煤」，每擔價錢爲壹角貳叁尖銀元。直徑一寸半以下的叫做「煤粉」，它的價錢最便宜，每擔只有叁肆尖銀元。自同治元年到九年的煤礦年產量，少則十餘萬擔，多得三四十萬擔。清德宗光緒年間的採煤情形，連橫在《台灣通史》卷十八〈榷賣志〉中有以下之詳細記載：

光緒元年（一八七五年），欽差大臣沈葆禎奏言：台灣之地病於土曠，而土曠之病，由於人稀。重洋運遠隔，勢必獲利三倍，而後內地力食之衆，不召而來。然墾田之利微，不若開煤之利鉅；墾田之利緩，不若開煤之利速。南北各省按日以煤炊爨，入冬以煤禦寒；若出口暢旺，煤價必昂，於民間不無窒礙。而台灣則炊爨、禦寒均無需此，除出口外，則無銷路。雖其煤質鬆脆，不敵西洋之產，而較之東洋，尚去不遠。然台煤雖富，年來開採仍不甚旺，其故由於滯銷。西洋之煤，金山最夥，從前船隻皆繞金山而來，貨物之戰，以煤壓載，煤佳價平，固非台煤所能敵。自埃及紅海開通以後，洋船無須繞道金山，而金山之煤遂稀。價亦日昂。而台煤仍不暢銷，則必減輕稅率，以廣招徠。此後稅率雖減，而入款仍不懸殊，則於民間生計當有起色。……今擬將出口之煤，每噸減爲稅銀一錢，如蒙天恩允准，伏懇飭下總理各國事務衙門，札行總稅務司，言明台煤無關民間日用，爲洋船所必需，是以減稅惠商，南北洋各口均不得援以爲例。詔可。

光緒三年，聘英人台札爲礦師，並購機器裝置八堵，大爲開採，出口亦多。而經費繁雜，不敷開用，委員浮冒，積弊日深。

光緒八年（一八八二年），經台灣道劉璈稟請督撫後，於是定章程八條，竭力整飭。

時有畢德衛洋行攬消總炭，船局以爲不可，乃於上海自設台灣煤務分局，又於汕頭、香港、廈門託商代售。總計每年出煤一百四五十萬石，可得二十餘萬圓，而局費不過數萬圓，入多出少，漸有起色，若能擴充銷路，尤足以興其利也。法人之役，基隆失守，煤局被燬。及平，巡撫劉銘傳奏設煤務局，委張鴻禄辦之。投資四十餘萬兩，新置機器，又聘外國礦師，召工開採。至十三年（一八八七年）每日出煤可百噸，而辦理未得其宜。銘傳委用粵商代辦，衆多訾議，部議以爲不可，復歸官辦。及邵友濂至，遂裁撤之。

可見淸末劉銘傳主台期間，台煤曾日產百噸，其產量還算不少。

結語

由本文之敍述，可知台灣先民很早就已經對台灣北部的煤礦有所認識，並加以開採利用。雖然近百年來，台灣北部和中部的煤礦經過日本政府和國民政府礦業人員的竭力開採，蘊藏量和年產量已大爲減少。但是它畢竟是台灣早期最重要的地下資源之一，在台灣的開發史上亦佔有不可磨滅的一頁，所以我們不應忘記我們的祖先開發台灣地下資源的一段血淚史。

——原載於一九八九年十二月二十日《民衆日報》鄉土版。

黃金時代轉眼雲煙

——台灣先民的採金史

台灣產金之年代很早

台灣產金，由來已久。最早爲當時居住在台灣東北部和東部山地之原住民使用人工淘金的方式而取得者，筆者已在《台灣原住民的淘金史》一文中詳細地敘述過。由於台灣產金早就出名，所以也就容易引起西人的垂涎。連雅堂在《台灣通史》卷十八〈榷賣志〉中說：「乾隆三十六年（西元一七七一年），波蘭人麥禮荷斯奇謀拓台東，與馬波奧時科番戰，番降，獻金二十斤，銀八百斤，皆此地之產，其地爲今之瑞芳附近，然則台之產金早爲外人所涎矣。」可見瑞芳附近的金瓜石金礦和銀礦早在清初即已被原住民開採，外人也極想獲得金和銀。

清末漢人才開始採金

從閩粵來台的移民，雖然很早就已經開闢了不少荒地，使台灣的經濟有了很大的發展，但是對金礦的開採，則遲至清末才開始展開，《台灣通史》卷十八〈榷賣志〉裡這樣記載：

光緒十一年（西元一八八五年），法事（中法戰爭）已平，巡撫劉銘傳築鐵路。十五年（西元一八八九年），架八堵車站之橋，工人入水造基，偶見河中有金，取出淘之。其時造橋監督，爲都司李家德，廣東順德人，曾游美國，而路工亦爲閩、粵人，有至新舊金山者，聞之爭取，居民亦從之，各獲利，每兩易銀八兩。十六年（西元一八九○年）九月，採者三千餘人，地亦日廣。十七年（西元一八九一年）八月，出示禁止，而逐利之徒昏夜偷取，犯者多。基隆同知黎景嵩議歸官（經營），巡撫邵友濂許之。十八年（西元一八九二年）二月，奏准開辦，設金沙總局於基隆；瑞芳、暖暖、四脚亭、六堵、頂雙溪各設分局，派員理之，採者領照納稅，駐勇彈壓。是年冬，商人金寶泉稟請承辦，每年認繳二萬兩，一切費用及勇餉，悉由支理，許之。以十九年（西元一八九三年）起，撤局歸商，而自十八年二月至歲終，計收釐金二萬七千一百十二兩餘，除開局費一成，並新勇一哨薪糧、衣器、帳房等款，實剩一萬七千六百六十二兩餘，以此劃入海防費用，奏明存案。未幾，金瓜石、大石坑亦發現金苗，採者日盛。時金價頗廉，每兩在山易銀十八圓，後漸貴，歲可值銀一百數十萬圓。而台東之新城、秀姑巒、花蓮港、得其犂，宜蘭之蘇澳、叭哩沙等，橫亘六十餘里，亦有金苗。然以開闢未久，野番出沒，居民輒遭害，取之尚少。

可見一直到清光緒十五年（西元一八八九年），台灣先民才開始開採八堵一帶基隆河中之沙金。光緒十九年（西元一八九三年）才發現金瓜石、大石坑（牡丹坑）一帶之金礦，並加以開採。在光緒十六年（一八九○年）採金的工人有三千餘人，可謂爲當時之一股淘金熱。

日據時代的採金史

關於日據時代的採金史，唐羽先生曾在《台灣採金七百年》一書中詳加敍述，茲收集更多資料，將當時的採金史敍述如下。

光緒二十一年（一八九五年），中日甲午戰爭，清廷戰敗，與日本簽訂馬關條約，割讓台澎與日本，台胞反對，乃組織義軍抗日，義軍不敵，流勇及部分義軍避入金瓜石一帶產金地，淘取砂金維生，乘亂而起之地痞流氓亦混雜其間任意採取砂金，正規之採金工作陷於停頓。俟日人平定了台灣各地之抗日戰事以後，乃准台胞重新開採。對於當時台灣礦工開採金瓜石一帶金礦的堅苦情形，一位來台的美國技師達維德森(J.W.Davidson)曾經加以描述說：

瑞芳附近地區由十三個漢人開採，彼此之間分割礦坑範圍，每一單位開一狹隘豎坑，深約一三〇呎。

然後各循礦脈開掘支道與附近地區之坑道，此等豎坑之大小，疑非人類所能勝任，豎坑之上下以竹竿連接，代替梯子，竹竿每隔十至十二英寸刻一缺凹，作爲上下踏脚之用。進入礦脈坑道狹小之處，工人只能匍匐而入，互相依靠開鑿。取得之礦砂，以袋裝或籃裝，運出豎坑，再以粗製之揚錨機拉出坑口，將礦土賣與淘洗者。其含金礦石每三十斤爲三角，其餘則視含金之豐富程度而價值不同，購買者將礦砂搬走處理，如礦砂爲軟質或黏土質等容易分解時，則以手碎之。然後利用淘金器具淘洗，再用淘金盤分出金苗。堅硬的石英礦石與黃鐵礦石則以鐵槌或石打碎，以當地製造的石磨研碎，然後洗之，其過程甚不經濟，但因礦砂藏量豐富，而尚有利可圖。

由此可見日據時代初期，金瓜石金礦開採的工具和機械設備還十分簡陋，開採工程還十分原始而不經濟，開採金礦和淘金之過程十分堅苦，但是因礦砂含金量高，礦藏十分豐富，所以尚有利可圖。

由於日據時代初期，台灣各地仍有零星之抗日活動，台胞利用礦場從事抗日行動，於是日人乃在光緒二十二年（一八九六年）一月十一日下令禁止民間開採，而改由日本人經營。是年十月八日，日人藤田組所主持之藤田合名會社，取得瑞芳礦山之開採權。十月二十日，田中長兵衛取得了金瓜石礦山之開採權。光緒二十四年（一八九八年）日本鹿兒島人壹歧、黑木、圖師杯等人在基隆河發現砂金，乃溯基隆河而上，在樹梅坪山，石英安山岩與第三紀地層交接之處發現了金脈，由雙溪鄉人周步蟾、連培雲獲得十二萬坪礦區之採礦權，是爲牡丹坑金礦礦場。這也是日據時代，台胞獲得礦場開採之始。不久，漢人尤枝亦獲得四萬五千坪之礦區開採權。到光緒二十九年（一九〇三年），因缺資，始改由日人經營。

光緒二十五年（一八九九年），日本政府發動地質學家及採礦工程師前往金瓜石、瑞芳、牡丹坑等一帶調查金礦分佈情形，他們發現當地之地質是第四紀更新世時期（距今一百多萬年前），地下岩漿向上升起之侵入岩體，經地表之侵蝕作用後，形成露出地表之基隆火山彙。地下尚有潛伏式火山岩體，地表地質由石英安山岩和火山碎屑岩構成（只有草山、鷄母嶺的安山岩爲噴出岩），有不少火山岩流侵入中新世岩層內。瑞芳金礦之金脈厚度自數公分至一公尺不等，長數公尺至一千二百公尺不等，包含在石英安山岩岩體內，並伴有方解石、石英、黃鐵礦、白鐵礦、猛質方解石、高嶺土、方鉛礦、閃鋅礦，以及少量重晶石和輝銻礦，並含百分之二十五—三十五之銀，金粒呈塊狀、粒狀、薄片狀、樹皮狀、針狀、毛髮狀、游離挾於方解石之劈理面上，亦有含在黃鐵礦、方鉛礦、閃鋅礦內者。瑞芳金礦礦脈大約有二、三百處，金粒甚大，肉眼可見。他們並認爲，這些金礦和各種伴生之礦產都是更新世時代，地下岩漿上湧，侵入第三紀中新世石灰質砂岩和碳質頁岩內時，石英安山岩和石灰質砂岩、炭質頁岩接觸處，發生強烈的熱液換質作用所形成的。

至於金瓜石礦藏主要亦爲熱液換質作用所形成的，少部分爲裂隙充塡礦床，包括含金硫砒銅礦、黃鐵礦、重晶石、明礬石、石英等，含金礦脈長一千二百公尺，寬十公尺以下（平均二—三公尺）。牡丹坑金礦則爲火山侵入岩所造成的，多黏土礦、石英、高嶺土、方解石等。瑞芳礦區有二四五萬多坪、金瓜石礦區有二一九萬多坪，牡丹坑礦區則只有五四萬多坪。

光緒二十五年（一八九九年），日本政府開始大規模開採這些金礦，技術工人悉由日人擔任，台胞則被分配從事搬運淘洗等粗重工作。當時係使用混汞法提煉，每一百公斤礦石可以煉出黃金五克。從光緒十四年至三十年（一八九八—一九〇四）七年中，瑞芳九份山共生產黃金九〇六公斤，金瓜石則三五一八公斤，從光緒二十八—三十年牡丹坑共生產黃金五六六公斤。至於在附近地區採取沙金的工人也有一千多人，年產量最高達一七六五〇兩（光緒二十八年）。由於日人經營的瑞芳九份金礦含金量多寡不一，以致產量越來越少，加上當時盜金風氣又熾，以致營業上賠累不堪，遂有租給顏雲年經營之舉。

台灣礦業先驅顏雲年創造「台灣奇蹟」

瑞芳九份金礦之黃金年生產量自光緒三十二年（一九〇六年）起即降至一萬兩以下，日人只得割愛，租給台胞經營。宣統三年（一九一〇年）台灣先民顏雲年租得九份金礦開採權。他採取「狸掘式」穿洞挖礦法，終於找出富礦

●日據時代的台灣礦業鉅子顏雲年（左）、顏國年（右）兄弟。

體，大量金礦竟源源由日人認爲廢坑的小洞內出土，日本採礦技師亦驚嘆爲「台灣奇蹟」。九份金礦之年產量亦開始驟增至一萬兩以上（民國四年一七三五〇兩，民國五年一八五〇六兩，民國六年二一〇四三兩），民國九年，顏雲年買下了整個九份金礦，成立「台陽礦業株式會社」，並兼營煤礦業等事業，儼然成爲一個台灣「礦業巨子」。民國十二年，顏雲年逝世，其所遺事業由其弟顏國年經營。金銀之產量亦繼續增加，民國二十六年，金年產量達三萬六千餘兩，銀之年產量亦達三萬四千餘兩。九份亦因金礦之發展而繁榮起來，成爲數萬人家的礦業都市，當時九份燈紅酒綠，夜夜笙歌，故號稱爲「小台北」或「小上海」。這種繁榮情況一直維持到民國三十三年才結束。

由金銀礦山變成金銀銅礦山之金瓜石金礦

金瓜石金礦由日人田中組織「金瓜石礦業株式會社」進行開採，年產黃金兩萬兩以上。光緒三十年（一九〇四年）該會社採礦主任安間留五郎發現石英脈中有黑色含銅礦物結晶，與黃鐵礦共生。當時東京帝大地質系畢業生阿部安積剛好到該礦場實習，看到這種礦石，認爲是澳洲型斑銅礦，最後始由東京帝大平村武教授判定爲硫砒銅礦。金瓜石礦場亦開始生產銅礦。從此，金瓜石金銀礦山遂變成金銀銅礦山。光緒三十三年（一九〇七年）銅之年產量爲四十六噸，並逐年增加，而金銀之產量則逐年減少（民國七—十二年期間，年產黃金一一四〇〇兩，銀二二四〇兩，銅七百餘噸）。由於煉礦配劑漲價，提煉成本增加，日人乃有賣礦停煉之意，惟反對者亦不少，於是社方乃暗中炸燬煉爐設備，諉稱「意外爆炸」，以杜反對派之口。民國十三年起改賣礦石，運到九州佐賀關製煉所提煉，故金瓜石黃金年產量只有數千兩，從此金瓜石金礦遂由盛而衰。

曇花一現的牡丹坑金礦

牡丹坑金礦的好景不常，光緒三十一年（一

●九份金礦山是台灣早期主要的產金之地。（劉還月／攝影）

九〇五年），其黃金年產量八九二八兩，光緒三十二年（一九〇六年）達最高峯，其黃金年產量達一二七三三兩，惟隨即逐年遞降，民國元年年產量僅三九二四兩，在當時台灣黃金年產量中已微不足道。

日據時代後期的尋金熱

民國五年起，日人開始掀起中央山脈尋金熱，先後有七個探勘隊展開尋金工作，其中貢獻較大的有橫堀治三郎和小笠原美津雄兩人。橫堀氏出身東京帝大，爲德國礦冶博士，時任秋田礦山專門學校校長，曾在民國十五年─二十四年間八次前來台灣東部調查金礦，認爲蘇澳至台東之間，有長六十公里，寬二─四公里，厚三十公尺之金礦，其蘊藏量二五〇〇〇公噸，價值四十億日元。民國二十八年，台灣總督府礦務科地質師小笠原美津雄到花蓮擢基黎溪（立霧溪）流域探勘，他在天祥附近之多用段丘發現砂金，這是台灣河川「高位段丘砂金」之濫觴。他估計該處之砂礫中，每立方坪有十

●由九戶人家發展至幾千戶的鑛金市鎮─九份。（劉還月／攝影）

公分之砂金，多用段丘長一千六百公尺，寬六百公尺，厚三十公尺，價值在一億五千萬日元以上。宇野美衛也在和平溪發現十處高位段丘，在大南澳南澳發現十餘處高位段丘，他們認爲全台灣三十八條河川共有一〇四處高位段丘。

民國二十八年至三十年間，日本政府並曾動員全台地質人員及軍工人員在中央山脈詳查高位段丘，並以坑井、坑道、鑽探等方式進行金礦探勘工作，眞是尋金潮熱滾滾，台灣好像是「黃金島」似的。

黃金時代變成過眼煙雲

民國三十年，太平洋戰爭爆發。三十一年，戰事擴大，日本之國際貿易停頓，再也不需要再用黃金作爲國際貿易之通貨，因此日本政府逐漸停止黃金之生產，轉而生產其他戰略礦產，如鐵、鋁、銅、獨居石、石油、煤等，因而結束了金礦之探勘工作。瑞芳九份金礦場有不少工人被調往金瓜石工作，其黃金產量也由民國三十一年的二一二〇〇兩，三十二年之一六二五五兩，遽降至民國三十三年的四八三五兩以及民國三十四年的一九三兩。民國三十三年，金瓜石礦場改爲製幣工廠，黃金年產量遂由民國三十三年的一四六六四兩（是年因工人增加之故）減至民國三十四年之一九一兩。銀亦由民國三十三年之九七八七二兩遽減至民國三十四年之二三三〇兩。銅由民國三十三年之三五七六噸遽減至民國三十四年之一九四噸。

從此，民國初年至民國三十年左右的黃金時代遂變成過眼煙雲。瑞芳、金瓜石一帶的黃金「盛年」從此不再重來了。

——原載民國七十九年八月四日《民衆日報》鄉土版。

泥漿奔流草木煨燼

——台灣先民對泥火山的認識

什麼是泥火山？

具有厚層未固結的泥岩地區之地下深處常存在著巨大的地壓，足將地層水擠出地面，因而形成泥漿噴發之現象，稱爲泥火山。其成因有三：一是地下溫泉携泥噴出而成，紐西蘭北島羅吐魯阿之泥火山即如此形成者。二是地震引起地層擾動形成噴泥現象。三是地下含有石油及天然氣之區域，地表層易於向上噴出，因而可以拖泥帶水，隨同天然氣噴出，形成泥火山。台灣西南部丘陵地及台東縱谷山麓地帶之泥火山即屬於第二和第三者，此種泥火山在台灣數量之多，舉世聞名，所以台灣先民很早就已經觀察到它了，並把它記載在文獻中，以下所述，即比較著名者。

清初台灣泥火山之記載很多，成書於清高宗乾隆元年（西元一七三六年），由黃叔璥所撰的《台海使槎錄》卷四〈赤嵌筆談紀異篇〉中有以下之記載：

雍正壬寅（一七二二年）七月十一日，鳳山縣赤山裂，長八丈，濶四丈，湧出黑泥。至次日，夜間出火，光高丈餘，熱氣炙人，多不敢

●屏東縣萬丹鄉鯉魚山泥火山。

近，有疑出磺（硫磺）者，參將陳炯報稱，赤山上一崙頗平，東南二百餘步，臨冷水阬，縱橫百三十步，土人稱，自紅毛（指荷蘭）僞鄭（成功），及入版圖後，遞年出火，或連兩晝夜或竟日夜止。今自申至丑，焰較昔年稍低，炯查硫穴，土色黃黑不一，佳者質重有光芒，風至硫氣甚惡，半里草木不生，今近火處草色蔚青，徧山土番種植，土色亦無光芒，濕處有如黑泥，及乾，色白輕鬆，與土無異，雖按法煎煉，全無磺味。

雍正癸卯（西元一七二三年）六月二十六日，赤山邊酉戌二時，紅光燭天，地衝開二孔，黑泥水流出，四圍草木，皆成煨燼。

按前面所述之赤山係指今日屏東縣萬丹鯉魚山之泥火山。

對於萬丹鯉魚山之泥火山，乾隆二十九年（一七六四年）王英（瑛）曾也曾經在《重修鳳山縣志》中說：

港西里，赤山之頂，不時山裂，湧泥如火焰，隨之有火無煙，取薪趨（近）置其上，則煙起，

●高雄縣燕巢鄉滾水坪泥火山。

名曰火山。火焰山，在港西里赤山頂，時濆湧出火，有火無煙，取薪置其上，則煙起。考《諸羅志》，亦有火山，皆從水中炎上，造物化土，眞不可解聞。康熙二十二年（西元一六八三年），我師將進港，出火三條，如彩光亙天，三日夜始散，殆顯示以出幽遷喬之像耶？山頂四旁無草木。

康熙五十八年（一七一九年）李丕焜、陳文

述撰之《鳳山縣志》卷一〈輿地志〉也談到鯉魚山之泥火山，文曰：

小滾水山，在港西里赤山仔，縣南三十五里，山不甚高，頂湧，近地不生草木。台灣舊志云：港西里赤山之上，不時山裂湧泥如火，有火無煙，取薪置其上，則煙起，名曰火山。

前文中所說的小滾水山就是鯉魚山泥火山。因泥含天然氣，故會燃燒，故名「火山」，其實並不是火山。

今日高雄縣燕巢鄉境內滾水坪及深水的泥火山，清朝早期的文獻也有記載。成書於清聖祖康熙五十一年（西元一七一二年）的《台灣府志》（周元文撰）卷九〈外志‧古蹟篇〉有載：

大滾水山—在鳳山縣界，其山甚高，將雨之候，山頂能滾出海泥鹽水，故名大滾水山。又有小滾水山，相去十餘里，地勢相接。所出之水濁而不清，故山下之溪曰濁水溪。

康熙五十八年（西元一七一九年），由李丕煜和陳文述等人撰之《鳳山縣志》卷一〈輿地志〉也有以下之記載：

●高雄縣橋頭鄉之泥火山，流出之泥漿滙成廣大的泥塘。

大滾水山，在觀音山里，縣東二十五里，上有湯泉湧出，水帶濁，近山之地，草木不生，煙氣逼人。溫泉在觀音山裏大滾水山上，水常濁泥，熱不可近，或云下生硫磺，理或有之。

清德宗光緒年間，盧德嘉等人在《鳳山採訪冊》中也記載說：

大滾水山，不甚高，上有大湯泉，潰湧而出，水帶濁泥，味鹹，或湧出碇索（化石）。相傳，其下通海，近山之地，草木不生，煙氣逼人。小滾水山，上有小竅，徑二尺許，深不見底，出湧濁泥，晝夜不息，投以火則燃，亦奇景也。

前文中所說的大滾水山就是指今日燕巢鄉境內之泥火山，高二一公尺，丘頂即泥火山之噴口，噴泥口直徑半公尺，由地底流出之液狀泥流，不斷從噴口附近之蛇形流道汩汩流出，有時並將地下海棲貝類、珊瑚、有孔蟲等化石携出。有時泥流會滙成廣大的泥塘。

對於橋頭鄉螺底山之泥火山，康熙五十八年（一七一九年）李丕焜、陳文述等人所撰之《鳳山縣志》卷一〈輿地志〉也有記載：

螺底山在仁壽里，縣西北二十里，平原曠野中，浮一丘，頂寬平，有小竅，出水若泥淖，其深不見底，出湧濁泥，晝夜不息，投以火則燃，亦奇景也。

結語

台灣的泥火山是台灣特有的地表地質現象，我們應把它列爲國寶級環境保護之對象加以保護。近年來，台灣各地環境破壞之情況十分嚴重，這樣濫墾、濫伐下去，筆者擔心，將來終於有一天，這些泥火山將被貪婪的人們，爲了蓋房子和闢果園，而用破壞大自然環境的「大力水手」—推土機把它鏟得烏有。紐西蘭北島羅吐魯阿的地熱噴泉和泥火山，被紐西蘭政府列爲國寶級環境保護之對象，外圍建有欄杆圍著，並有專人管理，以免人們破壞這些特殊之地質景觀，並作爲觀光之勝地，他們的做法值得吾人參考。

——原載於一九八九年七月二日《民衆日報》鄉土版。

鑽深井採原油

——台灣最早的油礦開採

苗栗縣境內有不少油苗露頭，所以清朝末年，客家人到苗栗縣各地開墾的時候，就常常在溪流的水面上看到漂流著的油花，或者在溪邊石隙中看到油跡滲出，並引以為奇蹟。例如清代官修《台灣方志彙集·苗栗縣志》卷六〈古蹟考〉就記載說：「礦油窟：在銅鑼灣東十餘里牛鬪山下（今日之出礦坑），油夾水出，其色黃，以木瓢盛之，挹注不竭。」可見當時這種漂浮著的油花相當多，所以「以木瓢盛之，挹注不竭」。

最早開採石油的人要算來自廣東的一位客家人邱苟，清代官修《台灣方志彙集·苗栗縣志》卷五〈金石屬礦案附〉對邱苟開採石油的經過有詳細之記載：

磺（礦）油出猫裏溪頭內山（即後龍溪上游山中）。油浮水面，其味臭。每日申、酉二時（下午三、四時至五、六時），方可撈取；煎煉之，為用甚廣。有番割（即通事，擔任政府和同胞之間的翻譯官）邱苟者，勾引生番殺人，犯案纍纍；據此溪為己有。旋於牛鬪口掘井一口，深十尺，日可得油四十斤。同治三年（西元一八六四年）初贌（租）與吳姓，每年百餘元。

四年（西元一八六五年），復改贌英商寶順洋行，每年千餘元，遂至互控。吳姓復糾衆與寶順互爭，幾釀巨案。邱苟屢拏未獲。同治九年（西元一八七〇）二月，差役購拏到案，一訊具伏，詳請委員覆訊，就地正法。此地照舊封禁。」（亦見於《淡水廳志》卷十二〈物產考〉）

民國九年，連橫在《台灣通史》卷十八〈榷賣志・煤油篇〉中也記載其事說：

●記錄台灣先民開發石油的陳列館。

咸豐末年（一八六一年），粵人邱苟，通事也勾引生番，殺人，官捕至急，遁入山，至貓裡溪上流，見水面有油，味極惡，時泛濁，燃之有光，竊喜，以告吳某，某以百金贖之，而不知用。苟復贖寶順洋行，歲得銀千餘兩，遂互爭權，集衆械鬭，久不息。九年（一八七〇年）二月，淡水同知逮苟治罪，又以外商無在內地開礦之權，封之。

當時邱苟是用手挖掘淺井一口，深僅一丈，井中除少量溪水滲出外，一日不過出油四十斤。每日下午舀取一次，除供作家庭燃燒燈之用外，並做敷傷的藥物。這是台灣用手挖掘油礦之始。

到了清光緒三年，兩江總督沈葆楨巡視台灣，聞悉出礦坑出產石油，曾主張以官辦方式加以開採。旋由福建巡撫丁日昌具名向清廷奏陳開採石油之利，清廷准奏，乃開始收歸官辦。同年開辦伊始，以舊法鑽井過於陳舊，遂改採西法。由美國購入鑽探機一部，延聘英國技師蔣道濤、美國技師簡遲和勒克三人來台探勘出礦坑地質，從事鑽探，翌年鑽獲石油。其鑽探經過，光緒四年（西元一八七八年）英人所撰之《淡水海關關冊》上有以下之記載：

開採的油井在一山坡上，土質甚鬆。周圍一百尺內的泥土經常崩塌。工作伊始，先架妥起重機，將井口附近之泥土搬開，直到發現岩石爲止。再而鑽通岩石，將鑽管向下鎚入，然後再放下一個七吋半鑽頭往下鑽。在井深二十呎處鑽遇淡水，一百六十呎處鑽遇鹽水，再往下一百呎又遇水，在深至一百八十呎時遇水和原油，旋即裝置油管，開始採油。每日取油十五擔（每擔一百斤）。不久便撤除油管，移他處鑽探。但第二次鑽探效果欠佳，鑽探機械被拋置地上，無人聞問。外國三工師旋於光緒四年底返國，負責辦理石油開採的清廷官員亦返廈門。

清代官修《台灣方志彙集・苗栗縣志》卷十六〈志餘（紀事）〉也有以下之記載：

光緒丙子（西元一八七六年）冬，淡地奉檄開採石油，役久，而功不就，罷之。初，猫裏內山（苗栗山中）有石穴，產煤油，可佐燈燭，歲鬻紅夷以爲常；久之，夷與夷交鬨，幾釀大釁（亂）。上憲惡其生事也，封之。適因開闢台山，當事重議開採。起營汛，募夷人爲工師。其法：就該地鑿一井，徑僅尺許，鑄鐵管如煙囪，每段長丈餘，逐層銜接，用鐵錐重可千斤，旁以木架、繩索爲轆轤轉之。令錐下擊，所遇粗沙大石，俱糜碎成泥，眞巧思也。其井深數十丈，油日所出數百斤。未幾，井底鐵管被敲擊逼切，氣閉塞不復通一竅；水齧石泐，鐵錐中斷，萬夫拔之莫能起。夷人目眙氣結，口噤吩不能出一聲而休焉。後遂無敢問津者。吳子曰：是役也，甫施工，鄉愚皆知其妄；即爲之，亦必試可乃已，於軍需始有裨益。不知者視作大工役，如時文家小題大做法。番人伻來（派使者來），歲糜金錢十數萬，旋開旋塞，勞而無功，猶幸考績者從寬典耳。

連橫在《台灣通史》卷十八〈榷賣志〉中記載其事：

及沈葆禎巡台，聞其事（苗栗有石油之事），

●咸豐末年邱苟在後龍溪上游河畔以人工挖掘油井。

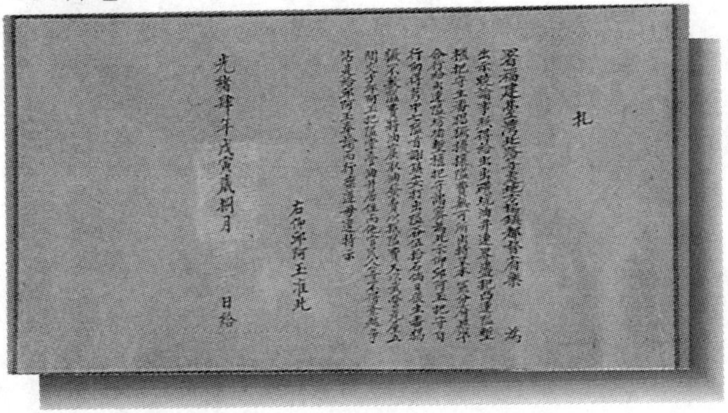

札

右給邱阿玉准此

光緒肆年戊寅歲肆月　　日給

●光緒四年，邱阿玉掌管出礦坑油井，嚴禁竊買。

光緒四年（一八七八年）聘美國工程師二人勘驗，以後龍油脈最旺，乃購機器取之，其始多鹽水，掘到百數十丈，達油脈，滾滾而出，日得十五擔。久之，工師與有司不合，竟辭去，遂廢。光緒十三年（一八八七年）巡撫劉銘傳乃設煤油局，委棟軍統領林朝棟兼辦，而出產未多，入不敷出。十七年（一八九一年）巡撫邵友濂撤之。

清末，美國工程師達維德遜(J.W.Davidson)在《台灣志》中說：

一八六六年(同治五年)John Dodd在後龍東南約二十里番界發現石油，計劃鑽下坑井，採取石油。當時石油僅供燈火及藥用，中國政府禁止私採石油，故不准此人開採。至一八七七年，福建總督決定開採台灣石油。翌年，聘美工程師二人購進鑽井機械，運至台灣。在山麓選地建立櫓台，用七．五寸鑽頭掘井，時有鹽水湧出，鑽至深百尺處，湧出大量之水，至深三八〇尺處時，逢含油水層，繼續下鑽，坑壁崩壞厲害，阻礙工程進行，至三九四尺處，停止鑽進，乃裝置採油唧筒，日得十五擔（一九〇五磅），因油量過少，決再鑽新井，乃引升套管。爾後不久，此二位美國工程師因不滿待遇，於同年十一月離台。中國官員及工人不數日亦離去。機械設備皆放置現場。在此期前後產油約四百擔云。

這是由清廷官方舉辦，並且採用機械鑽採石油之始，這次鑽採之油井深達數十丈（約四〇〇尺），比邱苟用手挖掘的井深好幾倍。而且日出石油數百斤，比邱苟當時日出石油四十斤多十幾倍有餘。可惜一年以後，井底鐵管閉塞，採油工程遂告中止。

由本文之論述，可知清代台灣油礦之開採，因限於當時科學技術之落後，故鑽採工作備嘗艱辛。今日科學技術日益進步，故蘊藏在台灣西北部和中南部地下的石油和天然氣得以被中國石油公司台灣油礦測勘總處的石油地質學家和鑽井師一一探尋出來，厚利國計民生，對提高國民生活水準提供不小的貢獻。我們不要忘記台灣先民開採油礦和其他地下資源之艱辛過程，對台灣地下資源要好好地充分利用，不要暴殄天物，才對得起我們的祖先。

——原載一九八九年八月一日《民衆日報》鄉土版。

地層變動、滾滾原油

——台灣先民對油氣露頭的認識

石油和天然氣不但是現代人類不可缺少的戰略物質，而且是石化工業不可缺少的原料。古代雖然沒有工廠、汽車和飛機來使用石油和天然氣，但是古人卻很早就已經應用石油和天然氣點燃照明，烹煮食物，並在作戰時，作爲火攻的武器之一。因此無論中外，古人很早就已經注意到出露在地表面上的石油和天然氣露頭了。

所謂「火山」、「火泉」、「火燄山」、「火穴」，就是天然氣露頭

台灣之地質西半部皆由水成岩（沈積岩）構成，東部海岸山脈一部分亦由水成岩構成，而石油和天然氣本來就封閉在水成岩地層中，有時因爲地層之變動，產生縫隙，石油和天然氣就會沿著縫隙，出露到地表面上來，形成石油和天然氣露頭。因此台灣北部的苗栗縣和南部的嘉義縣、高雄縣、屏東縣有很多石油和天然氣露頭，而且很早就被臺灣先民發現到，並記載在清代的許多文獻中。除了筆者以前所提到的出礦坑石油露頭（見〈台灣最早的油礦開採〉一文）以及南部萬丹鄉鯉魚山、泥火山、橋頭鄉和

●關子嶺枕頭山「水火同源」之天然氣露頭。

燕巢鄉滾水坪泥火山、螺底山泥火山（見〈台灣先民對泥火山之認識〉一文）以外，還有不少文獻記載關子嶺枕頭山之天然氣露頭、苗栗山中之天然氣露頭、杉林鄉和甲仙鄉之天然氣露頭。當時稱之爲「火山」、「火泉」、「火燄山」、「火穴」等。對石油露頭還稱之爲磺油窟。玆分別加以敍述如下。

關子嶺枕頭山及南投縣之天然氣露頭

早在清聖祖康熙二十年（西元一六八一年），季麟光在《台灣雜記》中就已經記載關子嶺枕頭山之天然氣露頭，文曰：

火山在北路野番中，晝則見煙，夜則有火。有火鳥自火中往來，番人見之多死。

清聖祖康熙二十三年（西元一六八四年），高拱乾在《台灣府志初修》中記曰：「玉案山後之麓有小山，其下水石相錯，石罅泉湧，火山水中，有焰有煙（乾隆六年之《重修台灣府志》則作「有焰無煙」），焰高三尺，晝夜不絕，置草木其上，則煙生，焰烈皆化爲燼。」玉案山就是關子嶺枕頭山。

清康熙五十一年(西元一七一二年)，周元文在《台灣府志》卷九中說：「火山——在諸羅縣猫羅、猫霧大山之東野番界內，其山上晝常有煙，夜常有光。但人跡鮮到，亦止傳聞如此。」

按猫羅、猫霧大山在今南投縣東部山中，清代屬於諸羅縣。

清聖祖康熙五十六年(西元一七一七年)，陳夢林、李欽文在《諸羅縣志》卷十二〈雜記志古蹟篇〉中記載南投縣及關子嶺枕頭山之天然氣露頭，文曰：「火山——一在猫羅、猫霧二山之東，山之上晝常有煙，夜常有光。在野番界內，人跡鮮到。一在玉案山後之麓(關子嶺)有小山，其下水石相錯，石罅泉湧，火山水中，有焰無煙，焰高三四尺，晝夜不絕。置草木其上，則煙生焰烈，皆化爲燼。先是，甲午、乙未間，諸番多見之者，共相傳述，或疑其誕。丙申三月，知縣周鍾瑄遣人視之，果然。石黝而堅，傍石之土燃焦如石，於是好事者往觀焉。然山徑險阻，攀藤扶石而上，非有濟勝之見者不能至也。」(亦見於藍鼎元《東征雜記》)。

清高宗乾隆六年(西元一七四一年)，劉良壁在《重修台灣府志》卷十五〈雜記篇〉中對台南縣急水溪上游關子嶺天然氣露頭亦記載說：「康熙五十五年丙申，諸羅十八重溪(急水溪上游)內石洞三孔水泉圍繞，一日忽火出其上，高二三尺，數日乃止。後至壬寅歲(一七二二年)亦有見者，此處水熱，或謂即溫泉。蓋磺氣鬱蒸，水石相激，而火生焉。」(亦見於《台海使槎錄》)

清仁宗嘉慶十六年(一八一一年)翟灝在《台陽筆記》中也記載關子嶺的水火同源說：

嘉義縣火山記：山在縣治之東南二十里。……癸亥秋，予復莅羅山任，因命人除荆去穢，肩輿而行，……怪石嶔崎，高原突怒，……火焰逼人，遠望火自穴出，洞澈如爐。穴上有樹，根據其石，葉青青著火氣，烝烝然似墮不墮。下有清流，蟹横行其中郭索然。土人云：「火逢陰雨盛倍於常，投以紙與毛，立燼。穴旁草木葱蘢少變。」

The History of
Petroleum Exploration
in Taiwan
Taiwan Petroleum Exploration Division
Chinese Petroleum Corporation

●苗栗出磺坑油田畫像。

吁！此山無奇，而火之出於山，則奇矣！火出於山，與水同出於一穴，且爲草與木之並生而無少損，則更奇矣！

所描述之關子嶺水火同源，就是天然氣露頭。

清文宗咸豐八年（一八五八年）施鴻保在《閩雜記》卷二中也說：「台灣諸羅縣火山，石隙泉湧，則火隨泉出。可以燃物，此自然之火，且由水中出，異矣！」

清德宗光緒十七年（西元一八九一年）唐贊袞在《台陽見聞錄》卷下中也有以下之記載：

火泉——火泉在嘉義縣沿玉案後山之麓（關子嶺），其下水石相錯，石罅泉湧，火出其中，有焰無煙，焰高三四尺，晝夜不絕，置草木其上，則烟生焰烈。康熙甲午乙未間（西元一七一四——一七一五年），諸番相傳，或疑其誕。歲丙申三月，知縣周鍾瑄遣人視之，信然。石黝而堅，傍石之土燃焦如石。

火山——火山在台灣縣沿猫羅、猫霧二山之東。山之上晝常有煙，夜常有光。在野番內，人跡罕至。」和前述兩地之天然氣露頭大致相同。

苗栗縣山中之天然氣露頭

對於苗栗縣山中之天然氣露頭，清代官修《台灣方志彙集》，卷六〈古蹟考〉也有以下之記載：

火燄山——在三義河界而臨伯公坑，突起如火燄，春時常化出濃煙，至是山輒止。

火穴——在苗栗溪（後龍溪）頭山尖，牧童常因而炊飯。

清代官修《台灣方志彙集》卷十六〈志餘〉又記曰：

紀地——由磺溪（後龍溪上游）東行十餘里，山腰辟一穴。值陰雨，則有火焰從中出，騰騰如釜上氣，久而不滅，兩旁樹木皆焦。因此與蜀中火井相類。

高雄縣境內之天然氣露頭

對於高雄縣杉林鄉和甲仙鄉境內之天然氣露

頭，《重修台灣府志》卷三〈山川篇〉及卷十九〈雜記〉分別這樣記載：

南仔仙（楠梓仙溪）之東畔石窟中，亦火出不息。（《重修台灣府志》卷三〈山川篇〉）。

南仔仙山後有火出石畔，撲之，亦滅，吹之輒起（《重修台灣府志》卷十九〈雜記〉，亦見於《台灣風土記》）。

苗栗出礦坑之石油露頭

對於苗栗出礦坑之石油露頭，清代官修《台灣方志彙集》卷六〈古蹟考〉有以下之記載：

磺油窟—在銅鑼灣東十餘里牛鬬山下（今日之出礦坑），油夾水而出，其色黃，以木瓢盛之，挹注不絕。

《淡水廳志》卷十二〈礦案附〉對苗栗出礦坑之石油露頭也曾經記述說：「礦油出猫裡（苗栗）溪頭內山。油浮水面，其味臭。每日申酉兩時方可撈取。煎煉之，為用甚廣。」

可見到了清朝末年，台灣先民對苗栗出礦坑之石油露頭已十分熟悉，並已加以開採煎煉，而且使用甚廣。

結語

由本文之敍述，可見自清初以還，台灣先民對石油和天然氣露頭已有充分的觀察和認識，並已加以開採和利用。中國石油公司台灣油礦探勘總處出礦坑油礦開發陳列館應將這些清朝的石油天然氣露頭資料，以圖表和文獻方式展示，一方面可以永遠紀念台灣先民開發台灣地下資源的貢獻，一方面又可以讓後代子孫了解我們的祖先開發台灣地下資源的堅苦精神以及開發的過程。

——原載民國七十九年六月廿、廿一日《民衆日報》鄉土版。

地熱如炙氣氤氳

——台灣先民對硫黃之認識和開採

大屯火山群的火山昇華作用和地熱噴發作用使得北投到陽明山之間的大油坑噴氣孔一帶佈滿著天然硫磺和樹枝狀天然硫磺結晶，這是台灣最早開發的地下寶藏。因爲硫磺是製造火藥、火柴、樹膠等之重要原料，所以台灣先民很早就已經注意到它的重要性，並加以開採了。例如台灣文獻委員會所編的《台灣省通志》卷七〈人物志·鄭延平郡王世家篇〉就已經記載說：「永曆十五年（順治十八年）正月初，荷蘭通事（相當於翻譯官）何斌因侵荷人銀數十萬兩，懼罪來歸，說成功東略台灣，曰：台灣沃野千里，實霸王之區；若得此地，可以雄其國，使人耕種，可以足其食，上至雞籠，淡水，硝磺有焉。」說明雞籠（基隆）淡水之間，蘊藏有豐富的硫磺礦。

最早詳細記載台灣北投一帶硫磺分佈情形的是清聖祖康熙三十七年（一六九八年），郁永河在《採硫日記》卷中和《裨海紀遊》卷中裏所描寫的：

康熙三十六年五月初五日：始見前山，又陡一顛，覺履底漸熱，視草色萎黃無生意，望前山半麓，白氣縷縷如山雲下吐青嶂間，導人指

●北投出產硫磺，噴出之氣觸鼻皆悶。

曰：是硫穴也。風至，硫氣甚惡，更進半里，草木不生，地熱如炙，左右兩山多巨石，爲硫氣所觸，剝蝕如粉，白氣五十餘道，皆從地底騰激而出，沸珠噴濺出地尺許，余攬衣即穴旁視之……衣染硫氣累日不散，始悟向之倒峽崩崖轟耳不輟者，是硫穴中沸聲也。

由郁永河所描述之硫磺分佈之情況及產狀，可知皆一如今日大油坑噴氣孔一帶硫磺之分佈情況。對於當時開採和提煉之情況，郁永河在《採硫日記》卷中和《裨海記遊》卷中裏也有詳細的記載，原文曰：

初五日，王君從海岸馳至，果得冶器七十二事及大鑊一具，餘其問之水濱矣。

又數日，各社土官悉至；……復給布衆番易土，凡布七尺，易土一筐，衡之可得二百七八十觔（斤）。明日，衆番男婦相繼以莽葛載土至，土黃黑不一，色質沉重，有光芒，以指撚之（手指揑之），颯颯（風雨之聲）有聲者佳，反是則劣。煉法：槌碎如粉，日曝極乾，鑊中先入油十餘觔（斤），徐入乾土，以大竹爲十字架，兩人各持一端攪之；土中硫得油自出，油土相融，又頻頻加土加油，至於滿鑊；約入土八九百觔，油則視土之優劣爲多寡。工人時時以鐵鍬取汁，瀝突旁察之，過則添土，不及則添油，油過不及，皆能損硫；土既優，用油適當，一鑊可得淨硫四五百觔（斤），否或一二百觔乃至數十觔。關鍵處雖在油，而工人視火候，似亦有微權也。余問番人硫土所產，指茅廬後山麓間。

過了三十年後，周元文亦在《台灣府志》卷十七〈金石篇〉裏提到硫磺的產地說：「硫磺出淡水磺山（當時北投屬於淡水）。」並援引郁永河在《採硫日記》和《裨海紀遊》中所敘述的當時提煉硫磺的情形。民國九年，連橫在《台灣通史》卷十八〈榷賣志‧硫磺篇〉中也敘述郁永河在北投採硫之始末：

> 硫磺產於淡水，爲今北投之地，當西班牙人據台時，曾掘取之。而瘴毒狓猖，蟲滋水惡，工人多病。歸清後，康熙三十五年冬，福州火藥局災，典守者負償。欲派吏往，無敢至。仁和諸生郁永河適在省，慨然成行。三十六年春二月至郡，四月北上，先命淡水社通事張大入北投築屋。既至，集番酋飲，告以採磺事，與約一筐易布七尺，番喜，各負磺至，命工煮之。磺有黃黑二種，質沉有光，以指撚之，颯颯有聲者佳，反是則劣。先碎爲粉，暴日極乾，鑊中置油，徐入土，以兩人持竹桿攪之。土既得油，則磺自出，油土相融，而後成物。一鑊可得四五百斤，或一二百斤，唯視火候之純疵爾。產磺之地爲內北投，石作藍靛色，有沸泉，草色萎黃，無生意。山麓白氣縷縷，如雲下吐，是爲磺穴，風至，磺氣甚惡。更進半里，草木不生，地熱如炙。白氣五十餘道，皆從地底騰激，怒雷震撼，地岌岌欲動，所以不陷者，熱氣鼓之爾。穴中毒焰撲人，觸腦慾裂，左傍一溪，聲如倒峽，即沸泉所出源也。永河著《裨海紀遊》，其所言略如此。

康熙五十六年（西元一七一七年），周鍾瑄、陳夢林、李欽文等人在《諸羅縣志》卷十〈物產志〉裏又記載北投的硫磺產狀以及提煉方法說：

硫磺出淡水磺山，有夾土者，有純潔者，總置釜中鎔開，投以魚油，滾起泥土，以鐵笊籬撈之，再煎淨汁，傾入桶，入冷結凝塊，破桶而取之。

康熙五十九年（西元一七二〇年），陳文述在《台灣縣志》卷一裏記載當時硫磺之產地及其特性說：

磺山在干豆門（今日之北投關渡一帶）之左，山產磺；刑如鼎之覆，而三足出其上，童（光禿禿地）無草木，麻少翁、内北投，在磺山之左右。毒氣蒸鬱，觸鼻皆悶；金銀藏身者，不數日皆黑色。

說明硫磺產在北投，其噴出之毒氣令人觸鼻皆悶！金銀藏身者不數日皆黑，實因硫和金或銀起化學作用，變成硫化銀或硫化金之故。

到了清高宗乾隆六年（西元一七四一年）劉良碧在《重修台灣府志》卷三〈山川篇〉中也提到台灣北部硫磺的產地說：「磺山，在大遯山（今日大屯山）東，其土可煮硫，故名。」並在卷十九〈雜誌（詳異叢談）〉中說：「金包里是淡水小社，亦產硫。」

清高宗乾隆二十八年（西元一七六三年），朱仕价在《小琉球漫誌》卷六〈硫磺泉條〉中談到北投陽明山之間的硫磺礦說：

駐防台灣水師遊擊宗人延謨云：常遊上淡水，有一山出硫磺，山上有泉約寬數畝，人遠望水湧起如沸湯，約高二三尺，不敢近視，恐中其氣，或至立斃。《諸羅雜記》云：玉山之下有溫泉，泉上湧氣，蒸騰如沸，凡數處。

說明北投產硫磺的地方寬數畝，湧高二三尺的也有溫泉，噴氣孔噴出的硫氣有毒，故人不可近視，恐中其氣，或至立斃。

清仁宗嘉慶十六年（一八一一年），翟灝在《台陽筆記》中說：

余調任台陽，見其山，爲火焰者（火焰山在彰屬猫霧東地界），以爲磺在其下，土人曰：「非也，台灣之磺在淡水金包里，然其地已封禁多年矣！」丁巳春，移往新莊，有事於雞籠山，履跳石，發舟過八尺門……。據云：穴出半山，罏列七孔，有白液吐焉。取而視之，色潔如雪，少則變爲松綠。樵人曰：「此硫磺花也，百餘年所不經見者，今一旦爲君得矣！」硫磺花幾似石髓，所遇不偶。

所描寫之硫磺花非常特別。

清文宗同治十年（西元一八七一年），陳培桂在《淡水廳志》卷十二〈物產考〉磺笥條中說：「淡北大屯山邊出磺之土謂之磺笥。」他並在〈物產考〉磺產條裏提到當時硫磺的分佈以及開採情形說：

淡北之金包里、北投社等處，皆產硫磺（詳載《裨海紀遊》），向來封禁，設屯番守之。艋舺營（在今日萬華一帶）會同新莊縣丞四季仲月（每季之次月）焚燒，年終結款，杜私採也。

同治三年（一八六三年），督撫憲左徐會奏，請試行開採硫磺，以裨軍務，如不甚多，隨時停止，緣數年，硫水流出穴外，故以爲多也。

同治八年（一八六九年），三口通口大臣諭：商人盧壁山來台採買硫磺。是冬：台鎮北巡台道委後補縣陳瑞民會同淡水同知勘得，自六年（一八六七年）地震後，磺苗稀少，據實詳覆。

可見，自清初以來，陽明山、北投之間的硫磺礦經過一百多年的開採，至同治年間，數量已大爲減少。至於同治八年以後，北投硫磺之生產情形，《台灣通史》卷十八〈榷賣志・硫磺篇〉有記載說：

同治八年，盧壁山奉南洋通商大臣之命，來台採辦，募工煮之。既而閩浙總督英桂，飭總兵楊在元、兵備道黎兆棠派員會勘，蓋以其時整軍經武，多用火藥，故議開採，然以所產未巨，恐耗經費，九年（西元一八七〇年）復封。及劉銘傳任巡撫，謀殖地利。光緒十三年（西元一八八七年）奏設腦（樟腦）磺總局，與樟腦皆歸官辦，而所產日盛，以至於今。

可見北投之硫磺礦至同治九年（一八七〇年）宣告停止，至劉銘傳主台時，復於光緒十三年（一八八七年）恢復生產，一直到日據時代及台灣光復後均繼續生產。

由本文之論述，可見清初台灣北部大屯火山群的硫磺礦相當重要，所以清廷禁止一般平民

●陽明山附近硫磺泉林立。

開採，並特派郁永河渡海前來開採。近十年來，這些硫磺礦場雖因開採和提煉成本過高，無法和外國進口硫磺競爭，以致一一停工，但是這些硫磺礦是我們的祖先在台灣最早開發的地下寶藏，所以我們應將這些硫磺礦、地熱噴泉、溫泉列爲「國寶級」環境保護的目標和觀光勝地。除了已由台灣文獻委員會在硫磺礦場附近建立郁永河採硫紀念碑以資紀念以外，全體國民亦應負起保護的責任，因爲它畢竟是我們的先民所留下來的遺產之一。

泉上湧氣、蒸騰如沸

——台灣先民對地熱溫泉的認識

地下水的天然露頭，如果溫度超過攝氏二十度以上的，就叫做溫泉。溫泉可以粗略地分爲硫磺泉和非硫磺泉兩種，前者與火山作用有關，含有大量的硫，可以治療皮膚病，其噴氣泉還可用作地熱發電。後者含碳酸氫鈉，可以治療慢性病。此外，溫泉還可供作溫水游泳池以及園藝栽培業、鱷魚養殖業之能源。因此溫泉是對人類有相當大貢獻的一種地下資源。

台灣全島之溫泉甚多，根據已經發現的並加以調查的，大約有一百個左右，大部分是非火山作用之碳酸氫鈉型溫泉，多分佈在中央山脈第三紀早期變質岩和始新世下部中新世次變質地層中，也就是板岩和片岩地層之裂隙中。其熱源被認爲來自地熱梯度異常，使地下水在深部循環受熱，而使地下水溫度升高所形成的。另一種是和火山作用有關的溫泉和噴氣泉，分佈在大屯火山彙更新世至現世之古火山活動區。台灣早期先民對這兩種溫泉都已經加以觀察，並記載在各種文獻中，茲將這些文獻中有關溫泉的資料加以整理如下。

「湯泉」、「溫泉」、「硫磺泉」，就是現在的溫泉。

台灣先民在清朝時代所觀察到的溫泉，稱呼爲「湯泉」、或「溫泉」，或「硫磺泉」等。清世祖康熙五十一年（西元一七一二年），周元文在《台灣府志》卷九〈外志．古蹟篇〉中有記載湯泉，文曰：

湯泉，在鳳山下淡水社，有赤山一座，山頂無溝，不時出湯，亦無定處，日流黃靄，夜燦紅光。

湯泉，在諸羅縣雞籠山後野番三朝社內。

按《台灣府志》中所記載的「湯泉」，就是溫泉，前者是指今日屛東縣萬丹鄉之鯉魚山。「不時出湯」，「日流黃靄」，就是指該處流出溫泉的情形。後者是指基隆附近三貂嶺、瑞芳金瓜石一帶的溫泉。康熙五十六年（西元一七一七年），周鍾瑄監修，陳夢林撰寫的《諸羅縣志》卷十二〈雜記志．古蹟篇〉也有溫泉的記載：

溫泉，一在玉山之下，有土番至者云，在山最深處得之，泉上湧氣，蒸騰如沸，凡數處。一在雞籠隔港朝山內。

按前者是指台灣南部玉山附近地帶之溫泉，

●溫泉對人類有相當大的貢獻。

今日從東埔到六龜寶來之間確有九處溫泉存在。後者是指基隆附近三貂嶺、瑞芳金瓜石一帶的溫泉。

清高宗乾隆六年（西元一七四一年）劉良璧在《重修台灣府志》卷三〈山川篇〉中也曾經記載說：

康熙五十五年丙申（西元一七一六年），諸羅十八重溪內石洞，三孔水泉圍繞，一日忽火出其上，高二三尺，數日乃止。後至壬寅歲（西元一七二二年），亦有見者，此處水熱，或謂即溫泉。蓋磺氣鬱蒸，水石相激，而火生焉。（亦見於《台海使槎錄》）

這是記述今日台南縣白河鎮的關仔嶺溫泉。台灣先民誤以為它的成因和北投、陽明山一帶的溫泉一樣，故說它「磺氣鬱蒸」。

對於北投、陽明山一帶的溫泉，台灣古代文獻也有記載。清高宗乾隆二十八年（西元一七六三年）朱仕价在《小琉球漫志》卷六〈硫磺泉條〉中曾經這樣記載說：

硫磺泉，駐防台灣水師遊擊宗人廷謨云：常遊上淡水（北投、陽明山一帶），有一山出硫磺，山上有泉，約寬數畝，人遠望，水滾起如沸湯，約高二三丈，不敢近視，恐中其氣，或至立斃。《諸羅雜記》云：玉山之下有溫泉，泉上湧氣，蒸騰如沸，凡數處。夫山出硫磺，斯下有溫泉，亦無足怪。若泉上湧及沸高數尺，則諸書所未載。（亦見於清德宗光緒十七年（西元一八九一年），唐贊袞之《台陽見聞錄》卷下〈勝景篇〉）

按前文係描述北投和陽明山一帶，與火山作用有關之溫泉，說它「小滾起如沸湯，約高二三丈，人不敢近視，恐中其氣，或至立斃」。乃因它與硫氣共出，而硫氣有毒，故能致人於死。

對於玉山附近的溫泉，清德宗光緒十七年（西元一八九一年）唐贊袞在《台陽見聞錄》卷下〈山水篇〉中也有記載，文曰：

玉山——山之麓有溫泉，或曰山北與水沙連內山錯，達於八掌溪。

所描述的玉山溫泉，和前述《諸羅縣志》卷十二〈雜記志·古蹟篇〉中所記載之事實相同。至於《台陽見聞錄》卷下〈勝景篇〉所記載的

●台灣南部有多處溫泉。

北投和陽明山硫磺泉和《小琉球漫誌》所記載的內容完全相同，茲不贅述。對全台溫泉分佈綜合敍述的有清高宗乾隆元年（一七三六年）黃叔璥在《台海使槎錄》卷三〈赤嵌筆談泉井圓石篇〉中之記載：

湯泉，南路二，一在下淡水社，出赤山，水流如湯，亦無定處。一在大滾水山，山不甚高，其上濆湧出泉而溫，故名。相去十餘里，又有小滾水山脈絡相屬。北路二，一在玉山最深處，泉流氣蒸如沸。一在雞籠隔港朝內。

說明南部之溫泉分佈在萬丹鯉魚山，燕巢滾水坪，中北部則分佈在玉山和基隆。

由本文之敍述，可知台灣先民早在三百年前，就已經在開闢土地時，觀察到關仔嶺、玉山一帶，北投和陽明山一帶的地熱溫泉了，這些地熱溫泉也是我們的祖先留給我們的寶貴地下資源遺產，我們應好好維護它們，才不會辜負我們祖先的苦心。

——原載一九九〇年七月十二日《民衆日報》鄉土版。

奇礦怪石地底藏

——台灣先民對各種岩石礦物的認識

台灣位居菲律賓板塊和歐亞大陸板塊接觸地帶，地殼變動非常強烈，形成衆多的褶曲和斷裂。而且自古生代石炭紀以來，又曾經過多次造山運動、岩漿活動和變質作用，因此形成的岩石和礦物種類較多。岩石方面，無論是沉積岩、火成岩、變質岩等各種岩石各地都有分佈，礦物方面，無論是金屬礦物或非金屬礦物等各種礦物各地也都有分佈（但有的蘊藏量比較豐富，有的蘊藏量比較少）。因此台灣先民很早就已經對這些岩石和礦物有所認識，並記載在清代和民初，台灣先民所撰寫的一些文獻中。除了筆者以前所整理的有關金礦、煤礦、硫磺礦、石油和天然氣的文獻以外，早期以清初《續修台灣府志》所記載的岩石礦物比較豐富，後期則以《台灣通史》所記載的岩石礦物比較豐富。茲將清初及民國初年文獻中所記載的岩石礦物內容一一列出，並加以詮釋在括弧中。

一／《續修台灣府志》中的岩石礦物知識

清高宗乾隆十二年（西元一七四七年）范咸所撰的《續修台灣府志》卷十七〈金石篇〉有

以下之記載：「硨磲石：生海中，皆鹹鹵結成，粗劣易腐。土人置盆盌中充玩」（按乾隆元年黃叔璥在《台海使槎錄》卷三也說：「海中有硨磲石，皆鹹鹵結成，粗劣易腐，或置盆盌中，不足充玩。」道光九年陳淑均所撰的《噶瑪蘭廳志》卷六〈物產篇・金石條〉亦引此文。按硨磲石係分佈在恆春、高雄壽山、半屏山、大小崗山、大寮和林園、澎湖等地之更新世珊瑚石灰岩和隆起珊瑚礁。並不是鹹鹵所結成的。

文石：產澎湖，有花紋者佳，可為朝珠及扇器（按光緒十七年唐贊袞在《台陽見聞錄》卷下〈勝景篇〉文石條也說，文石出澎湖之西嶼外塹。石外有璞，剖之石見，五色相錯，以黃色為上，可作念珠、扇墜，今挖掘殆盡，頗難得。可知澎湖的文石就是瑪瑙，是地下岩漿噴出後，流入海水中經過冷却作用固結而成的，屬於石英玄武岩。到清末光緒初年，已被挖掘殆盡，今日更少矣！）

打鼓山礦：崟嶔玲瓏可玩（按這是指高雄壽山之石灰岩）。

●澎湖海域是文石的主要產地。

●高雄縣茂林鄉多納村的原住民多利用板岩建造房屋。

岡山石：可燒灰墁（塗）壁（這是大崗山和小崗石之珊瑚石灰岩，是製造水泥之原料）。

硫磺：出淡水磺山（指今日新北投和陽明山之硫磺礦）

銀：銀山有礦產銀（指金瓜石金礦礦場所附帶生產之銀礦）

骨石：沙中有骨，堅結如石，積潦衝刷，地闢沙潰，始露峯崿。仰皆劍攢，垂非乳滴，質雖不堅，而一種爽峭竦聳之致，彷彿英石（可能指脊椎動物化石）

冠石：閩石在南日社大山之後，有巨石峭削巍峩，出內山之巔，其形如冠。土番指石爲登絕頂東洋及山後，諸（皆）可一望而盡（可能是指中央山脈古第三紀始新世和漸新世之石英砂岩）。

鬆石：內山有鬆石，鑿之成片，下砌爲牆，上以代陶瓦，方廣一丈，望之，天然石室也（按乾隆六年（西元一七四一年）劉良璧在《重修台灣府志》卷一〈封疆志山川篇〉也說日月潭一帶原住民「屋多鑿石成片，下砌爲牆，上代陶瓦，方廣丈餘，望之天然石室也」。這是指中央山脈山中原住民用來蓋房子的古第三紀始新世和漸新世板岩，今日南投縣之仁愛鄉等，屏東縣之泰武、瑪家、霧台、來義、春日等鄉，以及高雄縣之茂林、桃源等鄉的原住民都還在使用板岩建造房屋）。

二／《台海使槎錄》所記載的銅礦和文石

清高宗乾隆元年（西元一七三六年），黃叔璥在《台海使槎錄》卷一赤嵌筆談中記載蘭嶼之銅礦說：

凡舟赴呂宋，必由此東放大洋，有澳名龜那禿，北風時大，船可泊沙馬磯頭之南，行四更更至紅頭嶼，皆生番聚處，不入版圖，地產銅，所用什物俱銅器。

按今日蘭嶼和紅頭嶼的安山岩中確有零星之銅礦存在，可惜含銅量過低，僅百分之〇．三，故無開採價值。

《台海使槎錄》卷三〈物產篇〉也記載澎湖

●花蓮縣豐田礦區。

之文石，文曰：

澎湖石完好，文石尤可製器，余則磨礲攻錯，供諸番文治之用。

到了民國七年，連橫在《台灣通史》卷二十八〈虞衡志〉介之屬中記載高雄壽山之貝類化石說：

同治九年（西元一八七〇年）英人某曾來打鼓（高雄）蒐集介類化石，携歸其國。惜余學

●花蓮地區所產的礦石種類繁多。
（劉還月／攝影）

陋，未能研求。

按今日高雄壽山及半屏山確實多更新世貝類化石。

《台灣通史》卷二十八〈虞衡志‧礦之屬〉也有以下之記載：

金：淡水（指淡水廳之瑞芳金瓜石）、台東有產，見榷賣志（詳見拙文〈台灣先民的採金史〉）

銀：淡水之瑞芳有產，唯不及金多（按瑞芳之銀礦與金礦、黃鐵礦共生，爲煉金之副產品）

銅：台東有產，尚未開採（指台東奇美之斑銅礦及蘭嶼、紅頭嶼之銅礦）

鉛和水銀（台灣出產極少）。

玉：相傳玉山之內有玉，然未有發現（其實玉山一帶並無玉，台灣的軟玉產在東部海岸山脈，尤其是花蓮之壽豐以及台東之都蘭山較多）。

石：其類頗多，有火山岩石，有水層岩石，唯質頗粗脆，不合雕琢。故建屋刻碑之石來自泉州、寧波。而取以瑕灰者，利甚廣。又淡水觀音山之石頗美，可用（按火山岩石即今日所稱之火成岩，水層岩石即今日所稱之水成岩或沉積岩，「而取以瑕灰者」指石灰岩。淡水觀音山之石係安山岩，質堅而美，故可作建屋刻碑之材料）。

硯石：《彰化縣志》謂，東螺溪石可作硯，色青而玄，有金沙、銀沙、水紋之別，然佳者頗少（這是指濁水溪河床上的板岩可作硯，此板岩源自中央山脈，由河水携帶而下，堆積在河床上。宜蘭平原近山之河床中亦多板岩，可作硯石，故《噶瑪蘭廳志》卷六〈物產篇〉金石條有載：「硯石出二圍旱溪，淺黑色，頗乾燥，不甚發墨。」）

石綿：台東內山有產（其實不僅台東內山中有，南澳山中及萬榮山中也有）。

瓦石：《諸羅縣志》謂，內山有鬆石，鑿之成片，方廣一丈，以代陶瓦，望之，天然石室也。按宜蘭之蘇澳，有石色黑，可爲硯盤，亦可作瓦（這是指中央山脈古第三紀始新世和漸新世板岩，可作硯台及屋瓦）。

文石：產澎湖海濱，有花紋五色相錯，可製

玩具（詳細說明見前述范咸之《續修台灣府志》卷十七金石篇）。

空青：產澎湖海中，大如卵，中有清水，可治眼疾（按空青就是藍銅礦）。

海青：宜蘭海濱有產，爲海水所結（不明何種礦產）。

水晶：《噶瑪蘭志略》（即《噶瑪蘭廳志》）謂，玉山之麓有水晶（水晶產在中央山脈東部之中生代變質地層中，大多數爲紫色及玻璃色）。

硓砧：產於淡水、澎湖海濱，狀極離奇，用以築隄煆灰（即《台灣府志》卷十七金石篇中所言之礴碅石，乃海濱之隆起珊瑚礁和珊瑚石灰岩）。

硫磺：產於淡水（廳）之北投，見〈榷賣志〉。

煤炭：各地有產，基隆最多。

煤油：苗栗及嘉義之十八重溪有產（指苗栗出磺坑，錦水油氣田及南部之牛山、竹頭崎油氣田。清末民初，日人已加以鑽井開採）。

三／結語

由本文之闡述，可知台灣早期文獻中含有不少有關地質、岩石、礦物方面的記載。雖然近代地質礦物學於十八世紀十九世紀發達於歐洲，並遲至十九世紀末期才傳入中國，但是台灣先民早在清初（十八世紀）大量移民台灣開拓墾殖時，對台灣的一些岩石礦物已有所認識，並加以利用了，而且還記載在一些文獻上。這些文獻値得吾人加以整理和研究，俾闡揚台灣先民的科技成就和文化精髓。

4／生物產業篇

飛禽走獸遍山野

——台灣動物生態環境之變遷

一／前言

近二、三十年來，由於當局實施「經濟第一」和工業化政策，過分重視工商業之發展，忽視廢水和廢氣之污染防治，以致造成各主要河川和近海海水之嚴重污染，以及近海漁業資源之日益枯絕。由於農藥和殺蟲劑的過度使用以及工廠排出廢水，以致造成農田之重金屬污染和原野生物之滅絕。更由於山地之濫墾、濫伐，以及獵人之濫捕、濫殺，以致許多台灣特有的動物數量越來越少，甚至已經面臨絕種的命

●台灣過去飛禽走獸滿山遍野。

運。根據生物學家調查，目前台灣有一百二十多種鳥類，包括釣魚翁、水雉、白頭翁、老鷹、黃鸝鳥、帝雉、藍鷴、喜鵲等，面臨絕種之命運，六十多種哺乳動物中，雲豹、梅花鹿已經在原野上消失，黑熊、山獺、果子狸、穿山甲等即將絕種。另有二十五種植物將消失。茲整理台灣古代的文獻，說明台灣古今動物生態環境變遷之情形，讓全體國民明瞭台灣動物生態環境之危機，趕快採取行動保護自然界生態環境以及臨危動物。

二／台灣的動物生態原和中國華南相似

根據台灣的孢粉分析，可知距今三萬年前，沃姆冰期時代，台灣的氣溫比現在低攝氏四—六度，地球上之海水面也很低，台灣島和大陸連成一片，因此獼猴、穿山甲、象、雲豹、水鹿、梅花鹿等動物在華南和台灣都有分佈，其他各種動物之分佈亦相類似。到了距今一萬二千年前，因為冰河期結束，地球表面上之氣候逐漸上升，台灣和大陸之間的低地才被海水淹沒成為台灣海峽。因此直到數百年前，台灣的動物生態，除了象已絕種以外，大多和華南相似。

三／台灣之動物種類甚多，數量亦多

台灣地處熱帶和副熱帶，原來樹木、森林、草原、河川沼澤之地甚多，所以古代動物之種類甚多，數量亦不少。民國九年，連横在《台灣通史》卷二十八〈虞衡志〉中，曾經形容說：

> 台灣為天府之國，天時溫煦，地味膏腴，兼以山林之饒，藪澤之富，金石之美，漁鹽之利，羽毛齒革之豐，飛潛動植之庶，取之無涯，用之不竭，是造物者之無盡藏也。

說明當時動物之多，取之無涯，用之不竭。所以早在元朝時代汪大淵在《島夷誌略》中就說台灣「地產砂金、……鹿、豹、麂皮。」證明當時台灣山林原野中多鹿、雲豹、麂等動物。不幸地，這些動物慘遭原住民和閩粵來台墾殖的漢人狂殺濫捕。明末荷人據台期間的大事搜購鹿皮運銷中國、日本和荷蘭，更加速台灣原野梅花鹿絕跡的命運。據《巴達維亞城日記》記載：

西元一六二五年（明熹宗天啓五年）四月九日，聞鹿皮每年可得二十萬張，鹿脯（肉）及魚乾，以戎克船運往大陸。

西元一六二六年（明熹宗天啓六年）十一月二十七日，士希布船古羅林堅號載鹿皮四萬六千張……等運往日本。

西元一六三四年（明思宗崇禎七年）五月十四日，載鹿皮六萬張運銷日本。

西元一六四〇年（明思宗崇禎十三年）十二月，鹿因三年間不斷捕獲，故非常減少，在此六年間，當不能回復原來數量。因此決議在一年間禁止掘穴張網，以期土番不至爲貪慾之中國人搾取淨盡。

可見荷人據台初期，有鹿皮二十萬張供應外銷，旋即減少至數萬張，又過了十五年，荷人終於感到鹿盡的危機，乃禁止濫捕濫殺，以期恢復其數量。到了鄭成功驅逐荷蘭人以後，改以專業方式經營捕鹿業務，《台灣府志》有曰：

僞鄭令捕鹿各社，以有力者經營，名曰贌社。社商將日用所需之物，赴社易鹿作脯，代輸社餉。

到了康熙中葉以後，閩粵移民日增，以往的鹿場逐漸被闢爲良田，但是還有不少野鹿供原住民和漢人獵殺，例如清康熙三十六年（一六六九年），郁永河在《裨海紀遊》卷中記述他在康熙二十二年（一六八三年）四月十七日記載：「社人謂，野番常伏林中射鹿，見人則矢鏃立至。」四月二十五日又載：「至中港社午餐。……。余復馳至南嵌社宿。自竹塹（新竹）迄南嵌八九十里，……途中遇麋、鹿、麂、麏逐隊行，甚夥，驅獀獡獟（一種專門獵鹿之狗的名稱）獲三隻。」他還記載說，當時北部野牛甚多，文曰：「前路竹塹、南嵌，山中野牛甚多，每出千百成群，土番能生致之，候其馴，用之。」《裨海紀遊》還說：「又米、穀、麻、豆、鹿皮、鹿脯（肉），運之四方者十餘萬。」可見康熙中葉鹿皮、鹿肉還是輸出不少。

對於當時捕殺並享用梅花鹿的情形，杜臻在《澎湖台灣紀略》中有詳細的描述：

台灣獸有虎、豹、熊、鹿。山多尤多鹿。人善用鏢，鏢長五尺，鏃甚銛（利），虎鹿遇之輒斃。其捕鹿嘗以冬；伺其群出，乃集眾而圍之，掩群盡取，積如丘陵。先取其皮角，次臘其肉，次臘其舌和腎，與筋則藏之，盛以箱，而鬻（賣）之華人。刺鹿腸，出新飼草而未化者，必競食，名百葉膏。

可見當時鹿的利用價值相當高，才慘遭原住民和台灣先民大量地捕殺，原野上鹿的數量遂自然急劇減少。

關於清初台灣動物的種類，撰於康熙三十三年（西元一六九四年）高拱乾所撰的《台灣府志》卷七〈風土志〉曾經詳載如下：

畜之屬

牛（深山中多野牛，教而馴習，可以耕田、駕車）、犬（產於番社者，能捕鹿，名田犬；如獫猲獟之類）、豬、羊、貓、雞、鵝、鴨。

羽之屬

●雉雞色澤美麗動人。

鶺鴒（人家畜之，能知往還）、鷸鴒（水鳥。行則搖，飛則鳴）、雉（野雞）、烏鴉（有反哺之義）、燕（秋去春來）、鳩（能知陰晴）、白鷺、畫眉（善鳴好鬥，其聲清圓可聽）、鵁鶄（端午斷舌，養之，能識人言）、布穀（春作方殷，人以爲耕農之候）、鳧（水鴨也）、雀（一名生賓，謂栖宿人家如賓客也）、鷗（水鳥）、釣魚翁（嘗宿水道，伺魚而食之）、伯勞（不孝鳥）、鶯（一名蒼庚，又名黃鸝）、鷂（大如鷹，蒼黑色，善擊魚雁）、鷹、烏鬚（俗呼烏秋，身黑、尾長，能搏鷹鸇）、白頭翁（似雀而大，頭有白點，故名）、海雞母（黑背、白翼，宿海中）、竹雞、盧雞。

毛之屬

金錢豹（似豹而小）、麋鹿（大曰麋，小曰鹿）、麂（似鹿而小，無角）、麕（即麞）、麐（似鹿而大）、兎、豬母熊、猴、山豬、獺。

鱗之屬

海翁（極大，能吞舟）、鯉、鯽、泥鯉魚（形類鰢鮫而大；無鱗，味甚甘）、烏魚（其子晒乾，可羅嘉珍）、鯊魚（大者百餘斤）、鰢鮫、鯧魚（有黑、白二種。形濶而扁者佳）、魛魚、鮓魚、海鰻（大者數斤）、烏耳鰻（鯽仔潭最多）、紅紗魚（皮紅）、敏魚（口闊、肉粗）、烏頰、麻虱目（倏而大、倏而無，其味最佳）、貼沙魚（身薄扁，行貼沙）、金鐘仔、銀魚、龍鮎、鸚哥魚（嘴如鸚鵡，而皮綠色）、油魚（一名泥魚）、鰍魚、鮰魚（俗呼鮰鱸）、鱠魚（有紅、黑兩種）、獅刀（形似大刀；味清，多骨）、鰮魚、花鯰、金錢魚、斗尾魚、狗母魚、鐵甲魚（鱗硬如甲）、鯕魚（形扁、尾長）、鰆魚（大者如掌，皮粗；剝而晒乾，味佳）、鱙魚、青鱗、飼子飯（無細骨，可和飯以飼幼子）、繩魚（俗呼鮭魚）、鮡魚（瀨口出者佳）、鱺魚、鱔魚、梭魚、水尖、遍身苦、白腹、紅鰕、黃梔米（蝦小而色紅）、大脚蝦、章魚、石拒（八足。在石夾中，或取之，能以石拒人）、烏賊（八脚，一名墨魚。或曰：秦始皇東遊，棄墨袋於海所化；故口猶吐墨水）、鎖管（一名靜班）。

介之屬

●台灣的動物種類繁多。

龜（生於池塘、埤圳之間甚多。海中又有一種，其大數尺）、鼈（一名圓魚、一名甲魚）、鱟（海中甲蟲也。雌常負雄，雖波濤不改。漁人每雙得之）、蟹、蟳、牡蠣（麗海石而生，即蠔也。其殼燒則成灰）、蚶、蛤、蚌（老者能含珠）、空豸、紅栗、土杯（即江蟯也）、蟯、仙人掌（形似龜脚，生於海石夾縫處）、大螺（其殼琢而磨之，可作鸚鵡杯）、硨磲（其殼可磨作珠）、紅螺、香螺、麥螺、珠螺、虎螺、海膽（殼圓，烏而多刺，似荔殼，可作杯）、鯪鯉（穿山甲）。

蟲之屬

沙蠶（此海蟲也。形似蠶，而肚中有沙）、水蛙、青約、水龜（有翼，色黑，俗呼龍虱）、蜂（有數種）、蜾蠃（形似蜂，腰小而長。捷土作房，取桑蠶置於空中祝之，七日即化爲己子）、蝶、蝙蝠（内翅，晝伏夜飛，食蚉蝱）、蟬（以脇鳴。一種些小而好鳴秋，曰絡緯）、蜻蜓（飲露，多集水上款飛）、蛾（一名慕光，好撲燈火）、蜉蝣（朝生暮死）、螢（一名夜光）、蠅、螳螂（能捕蟬）、螽斯（蝗屬，一生九十九子，俗稱草馬）、蟋蟀（莎雞）、螟蛉、蛇、蜈蚣、蠅虎、蜘蛛、蜥蜴（守宮）、蛩、蠹蟲（嚙書蟲）、蟻、蚯蚓。

可見早在三百年前，台灣先民對台灣本土的動物種類和特徵都已十分熟悉，後來的文獻記載得更詳細，就不足爲奇了。

對於動物之多寡和分佈情形，康熙五十六年（西元一七一七年），周鍾瑄、陳夢林、李欽文等人所修之《諸羅縣志》卷十二〈雜記志〉中有詳細之記載：

禽無鶴而有鸛，多雉，多斑鳩，多烏鶖、黃鸝、烏鴉。鴉純黑而大，斑鳩不善鳴。無鵲、無鷓鴣、杜鵑。鷓鴣人多攜自內地者，縱之於山，不見孳息。或曰：山不生半夏。

獸無虎而有豹。內山多熊，各種俱有。多山豬，或脯之，贋爲鹿。多獼猴，小而可狎者曰金絲猴，毛淡黃柔澤；他處所少。

多黃牛。陳小厓外紀：「荷蘭時，南北二路設牛頭司，牧野放生息，千百成群。犢大，設欄擒摯之。牡則佚其餒，乃漸飼以水草；稍馴狎，閹其外腎令壯，以耕以輓。牸（牝牛）者縱之孳生」。近年水牛載自內地，亦漸孳；儇捷則黃牛爲先，任重致遠瞠乎後矣。

鹿獐之多，由草之暢茂，且稀霜雪，故族蕃息而肥碩。三十年來附縣開墾者衆，鹿場悉爲田；斗六門以下，鹿、獐鮮矣。

魚無鰱。鄭氏載而置於郡治之鯽魚潭甚夥，及網之，無有也。多烏魚、多塗魠（沙魚）、麻虱目，多紅蝦。各陂圳多鮎。

烏魚，本草所謂鯔。台海之產大數倍，肉白而芳鮮不及。冬至前後，北風正烈，結陣遊於內海，累至水底；漁師燎而網之，一罟以百計。腎狀似荊蕉，極白。雌者子兩片，似通印子而大；薄醃晒乾，明於琥珀，朏圓如小錠。鮮食脆甚；乾而析之，似鰇魚。

塗魠（沙魚），形似馬鮫，大十倍之。肉細而香美，馬鮫弗及也。馬鮫特以滑澤，遂與鯧齊名。論海魚之佳者，必首舉之。

甲魚（香魚）獨產於淡水（台北縣市），九、十月間有之。芳鮮不亞魚越之鰡，非止形相類而已。作鮓（醃魚）尤佳，能開胃。

鄭經酷嗜麻虱目，台人名之曰皇帝魚。夏初出，頗適口，及秋，則味帶酸而肉澀。

茅港尾、蚊港多蟳，大而肥美；膏踰於肉，色如硃。鮡魚骨柔脆，郡中珍之。縣治多毛蟹，肥於冬月，置之几筵，皆堪浮白。魚至冬亦肥美；夏、秋刺多而瘦，色皆黑。鯽魚出北香湖者，四時俱美於他產。

無蟶而有蠔，味微酸。多蚶，鹼而不脆。多鯪鯉（穿山甲）。

多龜，多蛇，多蟻，多蜘蛛、蜥蜴、蜈蚣、蜒蚰及無名之蟲。蜥蜴（壁虎）隨地皆有，北路尤多；夜唧唧而鳴，聲如雀，四起壁間。陳小厓記安平蝎虎；其實能鳴者不止安平也。

四／現在野外的動物數量已近滅絕

由《台灣府志》和《諸羅縣志》之記載，可知三百年前，台灣各種動物數量甚多，其中有一些屬於外來者，如荷蘭人據台期間所引進來的黃牛；康熙末年，閩粤移民來台時自內地（大陸閩粤兩省）引進來的水牛和鵪鴣；清初，鄭成功部屬自大陸引進鰱魚等。其他還有不少本地原有的豹、熊、山豬、鹿、獼猴、金絲猴、穿山甲等。香魚及其他各種魚類也甚多，所以民國七年連橫在《台灣通史》卷二十八〈虞衡志〉魚之屬中說：「台灣四面環海，熱潮所經（指黑潮由南向北流），魚類之多，不可計數，而有鹼水、淡水之分。淡水者生於溪澗或高池沼，而鹼水則取諸海者也。」如今台灣動物生態方面卻發生很大的變遷，因爲台灣經過三百多年的開拓墾殖，使野生動物失去了生存的廣大空間，加上人們濫捕濫殺、濫獵，數十年來實施工業化，造成生態環境的嚴重破壞和污染，不少種類的動物例如雲豹、熊、獼猴、金絲猴、穿山甲等，瀕臨絕種的境地，有的甚至在野外或山地中都已經見不到了，例如鹿、獐（羌子）、雲豹、穿山甲、老鷹、白頭翁、釣魚翁等就是，而河流中的魚類也瀕臨滅絕，近海魚類也日益減少，値得我們警覺和省思。

沈痛的呼籲

——台灣稀有的哺乳動物即將絕種

台灣本來是一個美麗的寶島，境內多山，林木茂盛，無論是熱帶、副熱帶、溫帶動植物類都非常多。然而近二、三十年，由於人口大量增加，政府過分重視工商業發展，忽視環境保護措施，加上一般人盲目墾地，濫建房屋、闢種果菜，以及獵人的濫捕濫殺，使得台灣原有的哺乳動物種類和數量越來越少，其中十多種已經遭遇絕種或瀕臨絕種之命運。以下所舉就是已絕種或快絕種哺乳動物的最主要例子。

一、雲豹——雲豹僅產在華南和台灣的森林中，台灣產的爲其亞種，是一種極爲珍貴美麗的貓科動物。牠酷似金錢豹，但體型較小，斑紋有如雲朵，所以叫做雲豹。由於牠的劍齒可作裝飾品，皮可製成名貴的女用大衣，因而長期以來遭受狩獵者之狙擊捕殺，以致

●台灣之雲豹珍貴美麗。

遭受到絕種的命運。台灣最後一次捕殺雲豹的紀錄是民國六十一年，以後在山野裏再也沒有看到這一種哺乳動物了。木柵動物園所飼養的雲豹是透過香港進口的華南雲豹。

二、穿山甲——穿山甲本名鯪鯉，體長一公尺多，全身皆是角質鱗甲。過去台灣各地自山麓以至海拔一千公尺之山上都有其踪跡。現在情況則完全改變了。由於牠的皮可以製作高級手提包之類的皮件，經過民國六十年代國際市場上的高價收購，大批大批的穿山甲遭受捕殺！如今，這種動物在台灣已經很難找到了。

三、台灣猴——台灣猴是獮猴的同宗兄弟，但是比獮猴稀少多了。只產在台灣，在世界上，這是台灣唯一而特有的猴子，應視為國寶級的稀有哺乳動物。據專家的研究，數十萬年前，地球處於冰河期，海平面很低，台灣和中國相連，華南獮猴移殖到台灣，後來冰河期結束，海平面上升，台灣變成島嶼，從中國遷來的獮猴也就進化成一個新種。牠的外型和台灣猴相似，只是頭部較圓，顏面較平，額頭突出，頰髭的長毛成圍巾狀，猴身較粗壯，尾巴也較長。

台灣猴棲息在台灣森林和多岩地區，其中以一、二千公尺高的原始濶葉林中最多。數十年前，牠的數量很多，分佈亦廣，近年來已大為減少，分佈區域已局限在東海岸森林、墾丁、太平山、烏來以及南投、彰化、嘉義等地山區，而且飽受獵者驚擾，一見人跡就逃逸，但是有些仍逃不過被捕殺或被活捉，送進餐館，當作生吃猴腦大餐的厄運。民國六十年台灣省林務局曾在彰化設置獮猴保護區，到民國七十三年已繁殖出六、七十隻的台灣猴族羣。如果再不趕快採取更多的保護措施，牠將來有從台灣山林中消失的可能。

四、梅花鹿——梅花鹿過去廣布中國各地，但是現在僅殘存於吉林、安徽南部、江西北部、浙江西部、四川、廣西等有限的幾個區域內。台灣的梅花鹿為其特有的一個亞種。成羣棲息在灌林而有雜草叢生的丘陵區和草原區。其活動範圍與植被、地形有關，一般為數十公里，棲息地比較固定，在沒有受到干擾的情況

●台灣猴是國寶級的稀有哺乳動物。

下，通常並不易地，即使受驚外逃，多數具有不久便返回原地的依戀性。

數百年前，台灣西部的丘陵地及平原地區處處可見到牠們的踪跡，據文獻記載，當時成羣梅花鹿在野外奔馳的情形相當地壯觀。荷蘭人在佔領台灣時代，每年外銷梅花鹿皮五萬張。民國五十八年，野外最後一次發現牠的踪影後，從此再也沒有發現牠們的報導。目前，野生的梅花鹿已經絕跡，只能在動物園或養鹿場一睹其丰采了。

五、水鹿——水鹿又名黑鹿。軀體粗壯，雄鹿體重可達三百公斤，是熱帶和亞熱帶地區體型最大的鹿類。毛色是淺棕色或黑褐色，雌水鹿毛色較淺而略帶紅色，所以不應稱牠爲黑鹿。分佈在華南，台灣特有一個牠的亞種。棲息在濶葉林、季風林、林緣草原及高草地等生態環境中。台灣過去在三百公尺以下的山坡地區和丘陵地區，便可發現牠的踪跡，如今至少要到二千公尺以上的山地才有，而且數量也越來越少。台灣人民從平地向山地步步進逼，使野生動物也節節後退到氣候較惡劣的高山地帶，再往上退，便無死所了！

總之，台灣的生態環境已經遭受到嚴重的破壞，一些應列爲國寶級的哺乳動物已經面臨絕種或已經遭受到絕種的厄運。某種動物絕種了，就表示牠將永遠從地球上消失，人類永遠再也看不見牠了，將造成人類永遠無法彌補的遺憾。居住在寶島上的全體同胞們！大家應趕快覺悟，一起來拯救稀有的臨危哺乳動物。

——原載民國七十八年一月三十一日《民衆日報》鄉土版。

網開一面現生機

——台灣臨危動物淪亡錄

一／前言

民國七十三年，劉峯松先生曾在他本人所著的《台灣動物史話》一書（敦理出版社出版）中發表一篇專文〈鹿之島〉，敍述清初台灣各地原野上盛產鹿的情形，以及後來絕跡之情形，令人感觸良深。近年來，作者因爲整理並研究台灣近代文獻，才得以明瞭二三百年前台灣的生態環境和各種動物的分佈情況以及牠們的興衰史，並發現目前臨危動物除了鹿以外，還有穿山甲、熊、雲豹、台灣猴和金絲猴等，這些從前產量十分多，而今卻面臨絕種命運之臨危動物都值得吾人加以分析研究。茲整理台灣近代文獻，將台灣從前鹿、穿山甲、熊、雲豹、台灣猴和金絲猴之分佈狀況及後來淪亡之情形一一敍述如下。

二／從前十分衆多的鹿

㈠許多地名和鹿有關

數百年前，台灣西部丘陵地區及平原地區都是草原漫生之地（高有丈餘），因此草原上之羌和鹿數量甚多。《台海使槎錄》卷三〈物產篇〉

●《諸羅縣志》卷首上所繪之捕鹿圖。

有曰：「台灣山無虎，故鹿最繁，昔年近山皆爲土番鹿場。」自閩粵移民來台之台灣先民也就紛紛以鹿稱呼地名，例如彰化之鹿港，以地形像一隻鹿而名之。宜蘭縣冬山鄉之鹿埔，係取多鹿之荒野之意。新竹縣之鹿場，係昔日獵鹿之地方。彰化縣之鹿寮（竹塘鄉）係昔日獵鹿人休息之茅寮。南投縣之鹿谷鄉原名羌仔寮，係飼養羌和狩獵羌的草寮，後因該地鹿甚多，故於西元一九二〇年改名爲鹿谷。嘉義縣竹崎鄉原名鹿滿山，係因清康熙中葉，漳州人朱姓人士從嘉義東進，開墾其地，當時該地到處有成群的野鹿，墾民獵以維生，故稱之爲鹿滿山。嘉義縣鹿草鄉係因清初該地盛產楮，其枝葉爲鹿所嗜，故稱楮爲鹿子草，該地則稱之爲鹿草。台東縣之鹿野亦因昔日該地原野多鹿而得名。可見早期台灣到處都有很多鹿和羌。

㈡鹿淪亡之原因

台灣原野上早期有很多的鹿和羌，爲什麼後來卻逐漸絕跡了呢？分析其原因，可知不外乎人爲因素。最主要的一個因素是台灣先民從閩粵來台後，到處開拓墾殖，闢草原爲良田，種植經濟作物，使鹿和羌逐漸失去了生存繁衍的場所。第二個次要因素是台灣先民和平地原住民的濫捕濫獵，使得鹿的數量急劇減少，最後終於絕跡了。因爲在台灣先民的心目中，鹿的好處實在太多了。清康熙五十六年（一七一七年）在《諸羅縣志》卷十〈物產志・藥之屬〉中曾經記載其醫藥上功能說：

> 鹿茸：茸角之初發者，稟純陽之質，含生發氣，其味甘，其性溫，能補陽（所以《諸羅縣志》卷十二〈雜記志〉說鹿茸至三、四金，價倍於內地）又有麋茸能滋陰。
>
> 鹿角膠：碎鹿角煮，凝凍成膠，大溫補之藥。
>
> 鹿角霜：即膠之粗而爲渣者，功能次於膠。
>
> （以上劉良壁在乾隆六年重修《台灣府志》時亦引錄）

台灣先民及原住民還取鹿肚石、鹿兒餅、鹿脂、胎皮等作爲藥用。《台陽見聞錄》有載：「鹿肚石出老鹿肚中，以其食草黏沙凝結成塊，堅如圓石。磨汁沖服，療心氣。隔噎諸證。」又記鹿兒餅之功能說：「內山產鹿，生番計其產子時，輒於夜半伺其洞側。鹿乳子必五更，乳畢出洞，至暮方歸，每日祇乳小鹿一次。小鹿食乳，於腹結十二小餅，每一小時輒消一餅，生番候母鹿出洞，即將乳鹿抱歸，剖腹出餅，持貨遠方爲珍藥。」《台陽見聞錄》又說鹿之胎衣「胎皮，即鹿之胎者。台人貴之，頗難者。」關於鹿脂，《小琉球漫志》說：「往時番婦抹鹿脂油於身，以爲香。大僕少卿沈光文有詩云：『鹿胎搽抹遍，欲與麝蘭爭。』用以潤髮，名曰奇馬。」眞是「物盡其用」了。至於雄鹿之鹿鞭，則被視爲壯陽之補藥，此更不用說了。

當時鹿肉亦被視爲美食，連鹿之舌、腎、筋，以及腸胃糞等，也都被視爲美食。乾隆元年（西元一七三六年）黃叔璥在《台海使槎錄》卷三〈物產篇〉中記曰：「福州東島，視澎湖爲近，內惟產鹿，千百爲群，島人捕得，取其腸胃連糞食之，以爲至美。其全體則鬻（售）之福州人，今所鬻鹿脯醃（肉）、鹿筋皆東島（台灣）之物也。」（引自《玉堂薈記》）杜臻在《澎湖台灣紀略》也曾經記載捕殺鹿群後，「先取其皮角，次臘其肉，再次臘其舌和腎與筋，則藏之，盛以箱而鬻之華人。刺鹿腸，出新飼草而未化者，必競食，名百草膏。」乾隆元年，黃叔璥在《台海使槎錄》〈番俗六考篇〉中也說：「腹草將化者，綠如苔，置鹽少許，即食之，稱之爲「鹿肚草」或「百草膏」。眞是全鹿通吃了！

鹿最寶貴的部分要數鹿皮，《諸羅縣志》卷十〈物產志・貨之屬〉記載說：「鹿皮：春皮毛淺而薄，番以爲席。冬皮毛深而厚，漢人購爲褥，溫而去濕；小者白點斑點，色殊雅，然不如大者溫，亦有用以製煙荷包、煙筒袋者，北人多喜之。麂皮：俗呼爲蔣皮，青黑色，甚粗，小於水牛皮，呂宋用之，商人載以貿易。麞皮：毛黃黑色，去皮存鞹靴襪舄褲皆用之。」

●原野上的梅花鹿曾經活躍在台灣。

難怪當時台灣先民和原住民都要競相獵鹿了。

㈢當時的捕鹿法

台灣先民和原住民生態環境保護觀念比較淡薄，所以當時競相獵殺羌鹿。台灣近代有關獵鹿的文獻也甚多。例如康熙三十六年（一六八三年）郁永河在《裨海記遊》卷中記載他在康熙二十二年（一六六九年）四月二十五日：「自竹塹（新竹）迄南嵌八九十里，……途中遇麋、鹿、麑、麕逐隊行，甚夥，驅獫猲獟（亦稱獫歇驕，一種專門獵鹿之犬）獲三鹿。」清康熙五十六年（西元一七一七年）周鍾瑄等在《諸羅縣志》卷首〈番俗圖〉中繪有原住民捕鹿圖描繪台灣原住民在田犬——獫猲獟領引下，以弓箭、鎗、鏢等捕鹿之情形。乾隆十七年（西元一七五七年）王必昌也在《重修台灣縣志》卷首南部八景圖之一「旗尾秋蒐」圖中，描繪當時獵鹿之情形。乾隆元年（一七三六年）黃叔璥在《台海使槎錄》卷七〈番俗六考〉南路鳳山番一中記述說：「武洛社（屏東里港平埔番社），八社中最小，性鷙悍，逼近傀儡山……冬春捕鹿採薪，群歌相和，音極亢烈。」同書卷六〈番俗六考〉還記載大武社捕鹿歌：「覺夫麻熙蠻乙丹（今日歡會飲酒），麻覺音那麻嘈斗六府嗎（明日及早捕鹿），麻熙棉達仔斗描（回到社中），描音那阿瓏仔斗六府嗎（人人都要得鹿），斗六府嗎麻力擺鄰隨（將鹿易銀充餉），嗄隨窪頑熙蠻乙（餉充，再來會飲）。又說：「斗六門舊有番長能占休咎善射，日率諸番出捕鹿，被諸番殺之。」同書卷六〈番俗六考・器用篇〉記載當時之捕鹿法：

捕鹿，弓箭及鏢俱以竹爲之，弓無弰，背密纏以籐，結繩爲弦，漬以鹿血，堅韌過絲革。射，搭箭於左，箭舌長二寸至四寸不等，……鏢桿長五尺許，鐵鏃鋒銛，長二寸許，長繩繫之。用時始置箭端，遇鹿麂，一發即及，雖奔逸，而繩掛於樹，終必獲焉。

《台海使槎錄》卷八〈番俗雜記〉捕鹿條亦曰：

鹿場多荒草，高丈餘，一望不知其極，逐鹿因風所向，三面縱火焚燒，前留一面，各番負

●乾隆十七年王必昌修《台灣縣志》，卷首所繪的秋季捕鹿圖。

弓矢，持鏢槊，俟其奔逸，圍繞擒殺。漢人有私往場中捕鹿者被獲，用竹桿將兩手平縛，鳴官究治，謂之誤餉。

乾隆六年（一七四一年），劉良璧在《重修台灣府志》卷六〈風俗篇〉（歲時、氣候、土番、風俗、物產附）中也記載當時捕鹿之情形：

> 捕鹿曰出草，先開火路以防燎原，諸番圍應如堵，火起焰烈，鹿獐驚逸，張弓縱矢，或用鏢鎗刺之。獲鹿則剝割，聚而飲，臟腑醃藏甕中，名曰『膏蚌鮭』。或置鹽少許，醃而食之。

杜臻在《澎湖台灣紀略》中也記載當時台灣先民之捕鹿法，文曰：

> 山多，尤多鹿，人善用鏢，鏢長五尺，鏃甚銛（利），虎鹿遇之輒斃。其捕鹿，當以冬，伺其群出，乃集眾而圍之，掩群盡取，積如丘陵。

當時捕鹿漫無節制，以致「掩群盡取，積如丘陵」焉能不導致逐漸絕跡！

四、鹿的數量逐漸減少，終致絕跡

明末荷人據台期間，每年鹿皮產量有二十萬張，後來即減少至數萬張，據《巴達維亞城日記》記載：

西元一六二五年（明熹宗天啓五年）四月九日，聞鹿皮每年可得二十萬張，鹿脯（乾肉）及魚乾，以戎克船運往大陸。

西元一六二六年（明熹宗天啓六年）十一月二十七日，士希布船古羅林堅號載鹿皮四萬六千張……等運往日本。

西元一六三四年（明思宗崇禎七年）五月十四日，載鹿皮六萬張運銷日本。

迨鄭成功驅逐荷蘭人以後，改以專業化方式經營，更使鹿的數量急劇減少。《台灣府志》有曰：

僞鄭令捕鹿各社，以有力者經營，名曰贌社。社商將日用所需之物，赴社易鹿作脯，代輸社餉。

《台海使槎錄》卷三〈物產篇〉也說：

內山之番，不拘月日，捕鹿爲常，平埔諸社至此燒埔，入山捕捉麞鹿，剝取鹿皮，煎角爲膠，漬肉爲脯（乾肉），及鹿茸、筋、舌等物，交付贌社，運赴郡中，鬻以完餉。

《台海使槎錄》卷八〈番俗雜記〉社餉條也記載說：

台灣南北番社以捕鹿爲業，贌社之商以貨物與番民貿易，肉則作脯發賣，皮則交官折餉。日本之人多用皮以爲衣服包裹及牆壁之飾，歲必需之。紅夷以來，即以鹿皮興販，有麡皮、有牯皮、有母皮、有麞皮，有末皮，麡皮大而重，鄭氏照觔（斤）給價，其下四種，俱按大小分價貴賤。

交納鹿皮，自紅毛以來即爲成例，收皮之數，每年不過五萬張，或四萬餘張，牯皮、母皮、末皮、麞皮、麡皮，分爲五種，大小兼收。

這樣濫捕下去，到了一百年後的康熙末年，鹿的數量自然就少了，平原上的鹿羌自然就少見了，只有丘陵山地中才能見到牠們了。康熙五十六年（一七一七年）《諸羅雜志》卷十二〈雜記志〉就說：

鹿獐（羌）之多，由草之暢茂，且稀霜雪，故族蕃息而肥碩。三十年來附縣開墾者衆，鹿場悉爲田；斗六門以下，鹿獐鮮矣。

說明清初漢人來台開墾者衆，鹿場悉爲田，故鹿之數量自然就少了。乾隆元年（一七三六年）黃叔璥在《台海使槎錄》卷三〈物產篇〉也說：

山無虎，故鹿最繁。昔年近山皆爲土番鹿場，今則漢人墾種，極目良田，遂多於內山捕獵。……鹿雖多，街市求一鬻不得。

可見乾隆初年，台灣鹿的分佈日偈，只有山地丘陵上才有分佈了。

嘉慶十二年（一八〇七年）謝金鑾在修《台灣縣志》時，也在卷一〈地志篇〉中說：「麋、鹿、麞皮，皆邑產，今少有焉！」可見到了嘉慶年間，鹿羌的產量更少了。到了日據時代，丘陵地帶還可見到羌鹿，只是數量也大爲減少。清宣宗道光十五年（西元一八三五年）李元春在《台灣志略》卷一〈獸篇〉中說：「麋鹿，舊盛產，今取之既盡，爲難得，必求番酋。」同書卷一〈物產篇〉也說：「麋鹿麞皮皆邑產，今少有焉。」民國九年連橫在《台灣通史》卷二十八〈虞衡志・獸之屬〉中說：「鹿，台產者有斑，稱梅花鹿。荷蘭以來，鹿脯（乾肉），鹿皮爲出口之貨，至今漸少。人家亦有畜者，歲取其茸。」到了民國四十年以後，丘陵地帶的羌鹿也絕跡了。關於台灣鹿淪亡的原因有種種不同的看法。鄭鬱、曹永和、東嘉生等先生認爲漢人、荷人、英人之掠奪經濟才是台灣鹿淪亡的眞正元兇，作者則認爲本文所論的兩個因素——漢人的開墾、漢人和平地原住民的濫捕最主要，荷人、英人、日人等之掠奪經濟僅是幫兇。

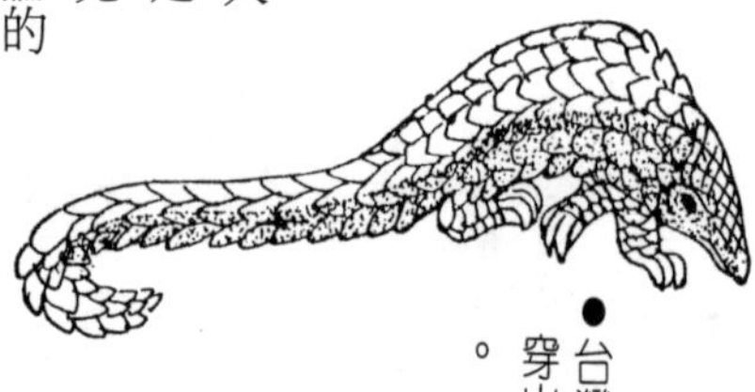

●台灣之穿山甲。

三／快要絕種的穿山甲

穿山甲是外型很像獺的一種有趣動物，古稱

鯪鯉，全長一公尺多，全身滿是角質鱗甲，故我國古代將之列入介屬。兩三百年前，台灣各地自山麓以至海拔一千公尺的山地中都有其蹤迹，而且數量很多。早在清康熙三十三年（一六九四年）高拱乾在《台灣府志》卷七〈風土志〉中已將牠列爲介之屬。到了清康熙五十六年（一七一七年），周鍾瑄、陳夢林、李欽文等人在《諸羅縣志》卷十二〈雜記志〉中就說台灣「多鯪鯉」。他們並在《諸羅縣志》卷十〈物產志・介之屬〉中描寫鯪鯉說：

《爾雅翼》曰：鯪鯉狀如獺，偏身鱗甲，居土穴中，蓋獸類也。人謂之穿山甲，以其能穿穴。一名龍鯉。《山海經》曰：龍鯉陵居是也。常出岸，開鱗甲，佯死，俟蟻滿，閉甲，入水始開，接而食之。

乾隆五十三年（西元一七八八年）周璽在《彰化縣志》卷十〈物產志〉中也說：「鯪鯉一名穿山甲，狀如獺，遍身鱗甲，居土穴，常吐舌，誘蟻食之。」

清宣宗道光九年（西元一八二九年），陳淑均在《噶瑪蘭廳志》卷六〈物產篇・介之屬〉條中也說：「鯪鯉狀如獺，偏身鱗甲，居土穴，常吐舌，誘蟻食之，其形肖鯉，穴陵而居，俗稱穿山甲。」

可見穿山甲在過去是很常見的一種動物，爲什麼後來卻很少見了呢？原來是台灣先民和後人視牠爲美食補品，並以牠的鱗甲做藥，於是大量捕殺牠之故。民國九年，連橫在《台灣通史》卷二十八〈虞衡志・介之屬〉中說：

陵（鯪）鯉，一名穿山甲，生山谷中，台人食其肉，謂可消毒，甲可爲藥。

再加上牠的皮可製作高級手提包之類的皮件，掀起二、三十年前國際市場上的高價收購，於是台灣大批大批的鯪鯉乃被捕殺，如今，這種動物在台灣已很難見到了。

四／已經絕種的雲豹和數量越來越少的熊、台灣猴和金絲猴

台灣早期多雲豹、熊、獼猴和金絲猴，所以清初《諸羅縣志》卷十〈物產志〉描寫豹說：

「豹圈中五圈，左右各四者曰金錢豹，宜爲裘。紋如艾葉者曰艾葉豹；台人謂之烏雲豹，土產者稍大於犬，而無害於人，或名之獐虎。」又《諸羅縣志》卷十二〈雜記志〉中也說：

> 台灣獸無虎而有豹，內山多熊，各種俱有。多獮猴，小而可狎（親近）者曰金絲猴，毛淡黃柔澤，他處所少。

但是因爲「豹皮爲裘爲褥，皆可用，價數十倍於鹿皮。」（見《台灣通史》卷二十八〈虞衡志〉），加上牠的劍齒可作裝飾品，皮可製名貴的女用大衣，於是被大量捕殺，台灣最後一次捕殺雲豹的記錄是民國六十一年。此後，再也沒有人在野外見到牠了。

●台灣所產之金絲猴。

熊也因爲被獵人大量捕殺，今日已極爲少見。台灣獮猴和金絲猴也飽受獵人捕捉，以致數量越來越少。

五／結語

由本文之論述，可知兩三百年前，台灣原有很多鹿、穿山甲、熊、豹、獮猴、金絲猴等動物，而今卻瀕臨絕種或已經遭受到絕種的命運。

人類肆無忌憚地破壞自然界生態平衡，最後必自食惡果。

環保機構應多設國家野生公園，嚴格執行保護臨危動物之政策，

在全民亦應有保護臨危動物之共識，不再獵殺野外動物，不再吃山產，如此才能挽救這些臨危動物。

——原載民國七十九年十月十八——十九日《民衆日報》鄉土版。

別讓先住民獵人蒙冤

／鄭鬱

台灣野生鹿群消失的問題，一直有不少的歷史家、生態學家關懷，相關的論著也不少。民衆日報十月十八日鄉土版又有劉昭民先生很熱心的整理出〈台灣臨危動物淪亡錄〉乙文，蒐羅了許多鹿群淪亡的史料。然而該文刊出後，卻引起不少史家與生態環境學者驚駭。因爲劉文中所引用的史料一直是大家彼此常常研索的資料，諸如：曹永和、東嘉生、楊憲宏與筆者都曾延用同一批證據，如今劉文在〈鹿淪亡之原因〉、〈毫無節制的捕鹿法〉的推論中顯然太快下結論，將萬鹿消失原因歸諸於先住民。事實上正如劉文所言：鹿對先住民的好處多多，因此二萬年前的左鎭人以下的遺址中、生活中，先住民與鹿群形成了一個平衡的狀態。也形成了先住民的「獵人文化」中重要環節。

劉文中顯然疏漏了部分重要史料與實地的田野考證，至少在明代陳第《東番記》中便指出先住民「居常不私捕鹿」，在《諸羅縣志》也指出「斗六酋長日率諸番出捕鹿，被諸番殺之」的記載，先住民賴以維生的對象——鹿，他們有一定的禁忌自我節制以維持其長遠的族群生命與（見《人間》一九八九年六月號）文化。希望而後的研究中，外部的考證，相關論著的參考……千萬要小心引用。漢族、荷人、英人掠奪經濟才是眞正的元凶。（見曹永和、東嘉生《台灣經濟史》）因爲，劉文推論太快，忽視時間年代上，經濟形態上的轉變而導出與事實頗有距離的結論。希望他仍能繼續努力，仔細地推斷此方面資料，則功德無量。

——原載一九九〇年十月廿一日《民衆日報》鄉土版。

探討台灣鹿淪亡的原因並無怪罪原住民

——敬答鄭鬱先生

頃拜讀民衆日報十月二十一日鄉土版挑戰頻道鄭鬱先生所撰〈別讓先住民獵人蒙冤〉一文，承蒙鄭鬱先生很熱心地指出作者一些疏漏之處，甚爲感謝。

由鄭文可以看出，他認爲筆者有將台灣古代鹿淪亡的原因歸諸於先住民之嫌。其實筆者在〈台灣臨危動物淪亡錄〉一文中，將鹿淪亡的最主要因素歸諸於閩粤先民(福佬人和客家人)來台後，到處開拓墾殖，闢草原爲良田，種植經濟作物，建築華園美屋，使鹿逐漸失去了生存的空間和繁衍子鹿的場所。第二個次要原因才是漢人和原住民的濫捕濫獵。但是文中並沒有怪罪原住民的意思。筆者承認：由《東番記》和《諸羅縣志》所載，可知古代原住民對捕鹿也有節制，但是這並不能代表所有的原住民世世代代都能奉行這種自我節制的捕鹿法。譬如我們的祖先自先秦時代以來，就有很多保護生態環境和自然環境的觀念、做法和法律，筆者曾撰〈我國古代對環境保護之認識〉長文介紹(載於劉廣定教授主編之《科技史論文集》)。但是數千年來中國人對自然界生態環境的破壞並沒有停止過。貪婪的人性隨著人口的大量增加而越發不可收拾，「生態要保護」，說教的人講得頭頭是道，但是不奉行的人也很多。

筆者小時候(民國三十年代)，住麓山地帶的美濃鎮，當時鄰近的六龜、寶來、茄濃、新威一帶的草原和丘陵林地中還有很多的鹿和羌，當地的居民福佬人、客家人、原住民都有，常常去捕獵鹿和羌，並將鹿肉和羌肉送給親朋好友（大人常常說鹿鞭最補），或者送到市場去賣

●狩獵自古爲原住民主要的生產方式。

，從未聽說過他們對捕鹿捕羌有什麼節制。

誠然，台灣古代原住民的科技工藝水平也很高，拙文〈台灣古代原住民的天文氣象知識〉一文中就曾經指出，古代他們也有不少的天文曆法知識，也有預測天氣的經驗法則和求雨止雨的願望。正如鄭鑾先生所說的，他們古代對捕鹿也有一定的禁忌和自我節制，以維持其長遠的族群生命與文化。但是這樣也並未能避免使台灣原野之鹿群走上淪亡的命運。因爲四百年來，原住民和漢人一樣，也曾經參與捕鹿獵鹿的行列，這是不能否認的事實。最後筆者再指出，筆者並無怪罪原住民的意思，台灣古代鹿群淪亡的最主要原因是福佬人和客家人到處開拓墾殖，闢草原爲良田，使鹿群失去了生存的空間和繁殖的場所。其次是福佬人、客家人、原住民的捕獵；當然，早期西人的掠奪經濟也是幫兇。

謝謝鄭鑾先生的指教。

——原載民國七十九年十一月三日《民衆日報》鄉土版。

物產富饒享盛名
——台灣南部特產源流考

台灣南部包括嘉義縣市、台南縣市、高雄縣市、屏東縣等地區，是明末清初閩粵移民最早開發的地區，因此有一些特產很早就已名聞中外，本文僅舉西瓜、番薯、擔仔麵、愛玉子、檬果、文旦柚、蝴蝶蘭、虱目魚、烏魚等特產，考證其源流，提供研究台灣史者參考。

西瓜——早在清朝初年，西瓜就已經成爲台灣南部居民常吃的水果。康熙二十二（西元一六八三年）郁永河在《裨海紀遊》卷上裡就說：「西瓜盛於冬月，台人元旦多啖之，皮薄瓤（瓜實）紅，可與常州並驅，但遜泉之傳霖耳。」

●《台灣府志》將番薯列爲台灣南部的土產。

說明當時南部的西瓜產於冬季，和今日相同。味佳，不輸於常州所產者，但是不如泉州所產者。清康熙五十六年（一七一七年）成書的《諸羅縣志》〈雜記志〉裡也記載說：「西瓜熟於十二月，取充貢。三月望萬壽前至京，俗名萬壽果。味薄，但取其早熟耳。」說明清初台灣南部的西瓜還是進貢清朝皇帝的佳果。連雅堂在《台灣通史》卷二十七〈農業篇〉中也說：「西瓜種自西域，沙地為宜，色綠，其瓤有白、紅，味甘性冷。台南地熱，十月則熟，舊時入貢，園在小北門外。」說明西瓜在南部是冬天收成。

番薯——早在清康熙三十三年（一六九四年）——高拱乾在《台灣府志》卷七〈風土志・土產篇〉裡就已經將番薯列為台灣南部土產之一。《諸羅縣志》〈雜記志〉也說嘉義一帶多薯芋。民國二十二年連雅堂在《雅言》中記載番薯的源流說：「番薯」一名地瓜，產自呂宋。明萬曆間始傳漳州，由漳入台，荒坡瘠壤，均可種植。為利甚薄。台之番薯以林圯埔最佳，大如鵝卵，色丹味腴，次則桃園之檜溪亦肥美。台南有所謂斗六種者，大約林圯埔傳來，余嗜食之，每飯不忘。」

說明番薯是明朝末年從呂宋傳到福建漳州，再從漳州傳到台灣南部的。《台灣通史》卷二十七〈農業志〉中更詳細地說，它可以釀酒，其蔓可以飼豬，長年不絕，夏秋最盛，大出之時，攝取細條，曝日極乾，以供日食。……又有煮糖以作茶點，風味尤佳。

擔仔麵——台南擔仔麵（也叫做擔擔麵）名聞全省，民國二十二年連雅堂在《雅言》中也記載說：「台南點心之多，屈指難數，市上所謂「擔麵」，全台人士靡之（無不）知之。麵與平常同，食時以熱湯芼之，下置鮮蔬，和以肉俎、蝦汁，摻以烏醋、胡椒，熱氣上騰，香聞鼻觀。初更後始挑擔出賣，宿於街頭，各有定處，呼之不去，恐失信於顧客也。」說明早期的台南擔仔麵和今日之情況大似相同。

愛玉子——連雅堂在《雅言》中說它是台南特產，夏時用之，可抵飯冰。他並載它的源流說：「產於嘉義山中，舊志未載其名。道光初，

●台南擔仔麵名聞全台。

有同安人某，居於郡治之媽祖樓街，每往來嘉義，採辦土宜。一日，過後大埔，天熱渴甚，赴溪飲，見水面成凍，掬而飲之，涼沁心脾，自念此間暑，何得有冰？細視水上，樹子錯落，揉之有漿，以爲此物化之也。拾而歸家，以水洗之，頃刻成凍，和以糖，風味殊佳，或合以兒茶少許，則色如瑪瑙，某有女曰愛玉，年十五，楚楚可人，長日無事，出凍以賣，飲者甘之，遂呼爲愛玉凍。自是傳遍市上，採者日多，配售閩粵。按愛玉子即薜荔，性清涼，可解暑。」

（亦載於《台灣通史》卷二十七〈農業志〉）

說明愛玉子成爲南台特產後，還外銷閩粵。

檬果——古時謂「檨」，其傳入台灣之年代甚早。高拱乾在《台灣府志》卷七〈風土志〉中有以下之記載：「檨，紅毛（荷人）自日移來，實如豬腰狀，五月熟，有香檨、肉檨等。」可見它是荷蘭人所傳入台灣南部的一種水果，說它是自日移來，則不對。民國九年成書的《台灣通史》卷二十七〈農業志・果之屬〉檨條則詳細地記載說：「檨，即檬果。種出南洋，荷人移植，至今尚有存者。舊志以爲傳自日本，非也。樹大合抱，花小微白，夏時盛出，有肉檨、柴檨、香檨三種。肉檨先出，味稍遜。柴檨最多，青者切片，和醬代蔬，或漬鹽藏之，以時煮魚，味尤酸美，可醒酒。黃者生食，內山則曬乾，用糖拌蒸，配售閩粵。香檨內脆味香，最後出。又有牛心檨，大如牛心。產檨之地，台南爲多，彰化以北則少見。」

說明檨果是荷蘭人從南洋傳入台灣南部的一種水果，且有肉檨、柴檨、香檨、牛心檨等四種。

文旦柚——文旦柚是台南縣麻豆鎮之特產。早在清康熙五十六年（一七一七年）周鍾瑄等人就在《諸羅縣志》卷十〈物產志〉中說：「漳州文旦柚入貢，佳種亦多有泛海而至者。」說明文旦柚是從福建漳州傳入台南麻豆的。《台灣通史》卷二十七〈農業志・果之屬〉柚條，也有以下記載：「文旦柚產於麻豆莊，皮薄肉白，汁多而甘如蜜，馳名內外，舊志不載，種之他處，則味不及。」說明別地之文旦柚都不

●文旦柚是台南縣麻豆鎮的特產。

如麻豆文旦好吃。

蝴蝶蘭——蝴蝶蘭也不是現代才有的花卉，《台灣通史》卷二十八〈虞衡志・卉之屬〉有以下之記載：「蝴蝶蘭，產於恒春山中，寄生枯木，一本五、六葉，春秋開花，一莖多至十數蕊，花白，狀若蝴蝶，爲熱帶植物，他處不見，移植室內，根不着土，但灑以水。」說明蝴蝶蘭是南台灣的一種特產，早在七、八十年前台灣先民就已經從恒春山中採取蝴蝶蘭，並加以培植。

虱目魚——虱目魚是今日嘉義縣至台南縣之間沿海漁塭中所養殖的特產。早在清康熙三十三年（一六九四年）《台灣府志》〈風土志〉中就已經說：「麻虱目，倏而大，倏而無，其味甚佳。」清康熙五十六年（西元一七一七年）《諸羅縣志》卷十二〈雜記志〉中亦載：「鄭經酷嗜麻虱目，台人名之曰皇帝魚。夏初出，頗適口；及秋，則味帶酸而肉澀。」說明早在鄭經治台時代，虱目魚就已經成爲南台之特產，夏初出，少而肥者，味美。及秋，則已大量出產，故味遜。

王必昌在乾隆十七年（西元一七五二年）修《台灣縣志》時，也在卷十二〈風土篇〉中說：「麻虱目：魚塭中所產，夏秋盛出，狀如鯔魚，鱗細，台人以爲貴品。匪胎匪卵，應候而生，故名。」

民國九年成書的《台灣通史》卷二十八〈虞衡志・魚之屬〉有以下之記載：「台南沿海素以畜魚爲業，其魚麻薩末，番語也。或曰：延平（鄭成功）入台之時，泊舟安平，始見此魚，故又名國姓魚云。」「薩末，清明之時，至鹿耳門網取，魚苗極小，僅見白點，飼於塭中，稍長，乃放之大塭，食以豚矢（豬便），或塭先曝乾，下茶粕，乃入水，俾之生苔，則魚食之易大。至夏秋間，長約一尺，可取賣，入冬而止。小者畜之，明年較早上市，肉幼味美，台南沿海均畜此魚，而鹽田所飼者尤佳。然魚苗雖取之鹿耳門，而海中未見。嘉義以北無有飼者，可謂台南之特產，而漁業之大利也。」前文詳細說明其養殖之方法，以及較早上市者肉幼味

●虱目魚味鮮肉美。

美之事實。民國二十二年連雅堂又在《雅言》二二一條中說：「麻薩末，番話也；一名國姓魚。相傳鄭延平入台後，嗜此魚，因以爲名。魚長可及尺，鱗細味腴；夏、秋盛出。台南沿海多育之。歲値數百萬金；亦府海中之巨利也。」說它歲値數百萬金，可見清朝時代和民國初年時代，虱目魚之養殖業已相當興盛。

烏魚——烏魚是每年冬至前後十日，必自黃河流域成群結隊南下至台灣海峽產卵的魚，故又名「信魚」。早在清康熙三十三年（一六九四年），《台灣府志》卷七〈風土志〉中就已經說：「烏魚，其子曬乾，可羅嘉珍」清康熙五十六年（一七一七年）成書的《諸羅縣志》卷十二〈雜記志〉中也說：「烏魚，本草所謂鯔。台海之產大數倍，肉白而芳鮮不及。冬至前後，北風正烈，結陣遊於內海，累至水底；漁師（漁夫）燎而網之，一罟以百計。腎狀似荆蕉，極白。雌者子兩片，似通印子而大；薄醃曬乾，明於琥珀，朏圓如小錠。鮮食脆甚；乾而食之，似鰇魚。」說明它的習性、撈捕法，以及烏魚子的製法。

王必昌在乾隆十七年（西元一七五二年）修《台灣縣志》時，也在卷十二〈風土篇〉中說：「烏魚：各港俱有。冬至前出大海散子，味甚甘；後引子歸原港，曰回頭烏，則瘦而味稍遜。子成片，下鹽曬乾，味更佳，過冬則罕見。即本草之鯔魚也。」

《台灣通史》卷二十八〈虞衡志・魚之屬〉

●烏魚卵漬鹽曬乾可久藏。（劉還月／攝影）

也詳細記載說：「烏魚，即本草之鯔，有江鯔、河鯔二種。台南六、七月間，塭中所飼者上市，長及尺，無卵，味略腥，則江鯔也。故老多言，烏魚產於黃河，避寒而來，則河鯔矣。每年冬至前十日則至安平，味美卵肥，謂之正頭烏。自是而南，至於恆春之楓港，生卵之。後而來，則味瘦而劣，謂之回頭烏，過是則不見矣。故又名曰「信魚」，謂其來去不爽也。各港都有，唯安平、東港最多，每來時，團結海中，高出水面，漁者以篙擊散，方可下網，一舉輒數千尾。烏魚之卵，結為一胎，略分為二，長及尺，重十餘兩，漬鹽曝乾，以石壓之至堅，可久藏，食時濡酒文火烤之，皮起細脆，不可過焦，切為薄片，味極甘香，為台南之珍羞。」

《台灣通史》說烏魚分為江鯔、河鯔兩種，台南縣漁塭中所飼養的為江鯔。冬至前後十天，來自黃河的為河鯔，從台灣海峽南下的，叫做正頭烏，其味美卵肥。在恆春楓港一帶生卵後北上的叫做回頭烏，其味瘦而劣。當時下網一舉輒數千尾，可見當時產量之豐，今日已少有如此豐收之情況。文中所述當時烏魚子之製法和食法值得今人參考。

連雅堂在《雅言》第二二四條也有以下之記載：「塞鴻秋至，海燕春歸，禽鳥之微，能知節候。而台南之烏魚，以冬至前十日而來，後十日而逝，名曰「信魚」；謂其信也。烏魚即本草之鯔，有江、海二種。每來時，逐隊游泳，多至不可計數。舊時，漁者先期領旗納稅，謂之『烏魚旗』。烏魚之肉腥而澀；唯卵極肥美，漬鹽曝乾，可久藏。食時以火烤之，切為薄片，味香而腴；庖羞中之上品也。」

所說之內容大致和《台灣通史》相同。

由本文之論述，可知台灣南部的特產也是源遠流長，在台灣先民的開拓史上佔有極重要的地位，我們應好好保護它（牠）們，才對得起我們的祖先。

——原載民國七十九年八月十四日《民眾日報》鄉土版。

百菓香甜水產豐
——台灣北部特產源流考

台灣北部地區包括台中、南投以及以北的苗栗、新竹、桃園、臺北、基隆、宜蘭等地，雖然在台灣先民的開拓史上比南部晚，但是也有一些源遠流長，很早就名聞中外的特產，例如香魚、九孔、茶、松樹、香茅、水筆仔、櫻、杏、杜鵑、桃、李、枇杷、柑、橘、橙、梨、山躑躅等，僅產於北部，而不產於南部的特產。清聖祖康熙五十六年（西元一七一七年）成書的《諸羅縣志》〈雜記志〉中就已經記載這種僅見於台灣北部，而不見於南部之特產，說：「北路之產，有臺、鳳（台灣南部）所無者。如水沙連之茶、竹塹、岸裡之筀竹笋，淡水之甲魚（香魚），皆其美者也。」茲將這些早期僅見於北部，而不見於南部的台灣特產一一說明如下。

一、香魚——古時稱爲甲魚，盛產於宜蘭縣山地河流、淡水河及上游各支流中。成書於清聖祖康熙五十六年（西元一七一七年）的《諸羅縣志》卷十二〈雜記志〉有以下之記載：

> 甲魚獨產於淡水，九、十月間有之。芳鮮不亞吳越之鯔，非止形相類而已。作鮓（醃藏）尤佳，能開胃；邑人染指者鮮，故弗傳。

可見清初稱爲「甲魚」的香魚在當時的台北縣即已成爲名菜，被認爲芳鮮不亞於江南之鯔。醃藏作菜尤佳，能開胃。

清宣宗道光九年（西元一八二九年）由陳淑均所撰的《噶瑪蘭廳志》卷六〈物產篇〉也記載說：

鰷魚出淡（台北縣）、蘭（宜蘭縣）一帶，近內山者尤多，土人呼國姓魚，謂鄭成功至台始有之。

可見到了清代中葉，牠的名稱又多了兩項，

●大漢溪上游釣香魚。（劉還月／攝影）

叫做「鰈魚」、「國姓魚」。民國九年，由連雅堂撰成之《台灣通史》卷二十八〈虞衡志・魚之屬〉又記載說：

鰈——俗稱國姓魚，亦曰香魚，產於台北溪中，而大嵙崁尤佳。

可見到了民國初年，牠還是被稱爲「鰈」、「國姓魚」，亦名香魚。所以香魚先後有「甲魚」、「國姓魚」、「香魚」、「鰈」等名稱。目前牠仍盛產於大漢溪、新店溪上游，以及宜蘭山中河流中，而這些河川的中下游則因爲受到嚴重的污染，香魚早已絕跡。

二、九孔——連雅堂在《台灣通史》卷二十八〈虞衡志・介之屬〉中曾提到九孔說：

九孔——肉美如螺，其殼九孔，故名。淡水（台北縣）出產頗多，基隆亦有。

可見在民國初年，九孔在台北縣和基隆出產甚多，其肉美如螺，故聞名全台。

三、茶葉——早在清朝初葉，台灣北部的茶葉即非常出名。《諸羅縣志》卷十二〈雜記志〉有以下之記載：

水沙連內山茶甚夥，味別色綠如松蘿。山谷深峻，性嚴冷，能卻暑消脹。然路險，又畏生番，故漢人不敢入採，又不黯製茶之法。若挾能製武夷諸品者，購（雇）土番採而造之，當香味益上矣！

說明清初，茶樹已盛產於台灣中部埔里一帶山區，惟漢人因怕生番攻擊，故不敢入山採茶。又不懂製茶的方法，所以對山區的茶葉不加聞問。如果能夠雇請原住民採茶，使用製武夷茶的方法來製茶，則台北縣山區的茶一定香味俱佳。

三、松樹——台灣北部山中有不少巨大的松樹。《諸羅縣志》卷十二〈雜記志〉有以下之記載：

大松樹生水沙連，合抱成林。

松大者深山自老，不可致；予可取種爲秧。松子落處，小松生焉，移植即活。若近山莊舍購於土番植之，數年相傳漸廣，用作宮室，較雜木易朽者相懸也。二者其利甚溥，惜未有爲之者。

說明松樹之分佈、培植方法和用途等，和今人之看法相同。民國九年，連橫在《台灣通史》卷二十八〈虞衡志・木之屬〉中也說：「松，內山極多，子可食。」說明松樹在台灣北部山中甚多。

四、香茅——香茅是台灣北部山區之特產，《台灣通史》卷二十八〈虞衡志・草之屬〉記載說：

> 香茅，味香，可製香水。

可見香茅在民國初年已被用來製造香水。

五、水筆仔——水筆仔古稱「茄藤」，《諸羅縣志》卷十二〈雜記志〉曾經這樣記載：

> 茄藤，叢生海泊泥中；內地以障海岸，凶年取子以食。子圓而長，大如薏苡，味澀而微鹹，搗爲粉，浸以水十數易，乃淡滑，可和米粉作餌。然不以其材爲薪，以皮裹鹹氣，難乾也。台人取材，剝皮浸汁，代薯榔以染；骨乃乾而易燎矣。兼用之，此物寧有一之可棄耶！

說明水筆仔生於海灘泥沼中。荒年時，民取其種子吃之。其法是搗爲粉，浸以水十幾次，

●淡水附近的水筆仔。（劉還月／攝影）

●台灣北部地區的野花。（劉還月／攝影）

可和米粉作餌。樹幹又可剝皮浸汁，然後曬乾當柴燒。

六、一些特殊的水果——桃、李、柑、橘、橙、梨、椎子、枇杷、香櫞等。《台灣通史》卷二十七〈農業志・果之屬〉有以下之記載：

桃——有甜桃、苦桃二種，又有水蜜桃，種自上海。

李——有紅李、黃李、血李、夫人李。而紅李爲多。

柑——有仙柑、紅柑、盧柑、虎頭柑四種，虎頭柑實大皮粗，酸不可食。

橘——有金橘、月橘、四時橘，金橘以製蜜餞。月橘一年相續，或名公孫橘。

橙——味酸，台人謂之雪柑。

梨——有烏梨、牛心梨、椶包梨。

椎子——新竹內山，野生頗多，實如金橘，有紅點，帶皮可食。

枇杷——新竹較多，以製蜜餞。

香櫞——樹如佛手柑。實熟之時，切片漬鹽以佐食，或曝乾煎茶，味甘而香，可消積解酔。台北出產較多。

佛手柑——狀如香櫞，唯瓣長如人指。五六月初熟，載赴江、浙發售。

說明這些水果的歷史至少已有數十年以上。其種類和用途與今日大致相同。

七、一些特殊的花——櫻、杏、牡丹、杜鵑、海棠、馬纓花、山躑躅等。《台灣通史》卷二十八〈虞衡志·花之屬〉中有以下之記載：

櫻——淡水竹仔湖及埔里社內山野生頗多。

杏——淡水及埔里內山野生頗多，有紅、白二種。

牡丹——每年自上海移種，花後即萎。

杜鵑——雞籠山上野生頗多，開時如火。

海棠——台灣地熱，花開較小，淡水（台北縣）之三貂嶺有秋海棠甚多，俗稱山海棠，花紅幹綠。

馬纓花——花如馬纓，淡水較多。

山躑躅——花較杜鵑而小，色紅，苗栗山中野生極多。

其他北部特有之卉如茉莉、素馨、百合等，亦甚多，這裏不再一一列舉。

由本文敍述，可見有一些生物是台灣北部所特有的，例如香魚和水筆仔；有一些是從大陸移來的，例如牡丹等；都和台灣先民的開拓史有極密切的關係。我們都應該視爲國寶加以保護。近二十多年來，由於環境污染，香魚在北部河川之中下游部分早已絕跡，而僅見於上游部分了。我們如果再不好好保護生態環境，則香魚恐怕終有絕種的一天。又淡水河口的水筆仔也遭遇到人們濫砍塡土建屋的威脅，政府應立即禁止人們這種破壞生態環境的惡行，否則，水筆仔恐怕也有絕種的一天。

——原載民國八十年六月二日《自立晚報》本土副刊。

拈花惹草展風情

——台灣早期之植物生態環境

一／引言

台灣有平原、丘陵、高山，也有許多沙洲、沼澤、河流，地處熱帶和副熱帶等兩個氣候帶，夏半年盛行西南季風和東南季風，冬半年盛行東北季風，雨量充足。因此無論是熱帶、副熱帶、溫帶、寒帶之植物都有分佈，原是植物學研究的樂園。民國九年，連雅堂在《台灣通史》卷二十八〈虞衡志·木之屬〉中就曾經說：「台灣地處熱帶之地，林木之多，指不勝數。崇山大嶽（嶽），峻極於天，海拔至萬二三千尺。如玉山者，長年積雪，佳木挺生。故凡寒帶、溫帶之木，莫不兼備，信乎天然之寶藏也。……而東望內山，蒼蒼鬱鬱，氣象萬千，猶足以興巨利。」他並在同卷〈虞衡志·草之屬〉中說：「台灣之草多至五千餘種，原隰邱谷，茂青叢生。」因此台灣早期之植物生態環境很值得我們加以研究，並進而和現在之植物生態環境情況互相比較，作為生態環境保護之參考。

二／清初之植物生態環境

清初台灣植物之生態情形，我們可以舉清康

●台灣氣候適宜各種植物生長。(劉還月/攝影)

熙三十六年（西元一六九七年）郁永河在《裨海記遊》卷上所記載的，以及清康熙五十六年（西元一七一七年）周鍾瑄、陳夢林、李欽文等人在《諸羅縣志》卷十二〈雜記志〉中所記載的，加以說明。《裨海記遊》卷上文曰：

稻有粒大如豆者，更產糖蔗雜糧，有種必穫。五穀俱備，尤多種芝蔴。果實有番樣（音蒜）、黃梨、香果、波羅蜜，皆內地所無，過海即敗苦，不得入內地。荔枝酸澀，龍眼似佳；楊梅如豆；桃李澀口，不足珍。獨番石榴不種自生，臭不可耐。蕉子冷沁心脾，產於冬月。香果差勝。檳榔形似羊棗，椰子結實如毬，破之可為器。瓜蔬悉同內地，無有增損，西瓜盛於冬月，台人元旦多啖之；皮薄瓤紅，可與常州並驅，但遜泉之傳霖耳。郡治（台南）無樹，惟綠竹最多，一望猗猗。花之木本者曰番花，……草花有番茉莉，一花十瓣，望之似菊。

清康熙五十六年（一七一七年），周鍾瑄、陳夢林、李欽文等人所修之《諸羅縣志》卷十二〈雜記志〉文曰：

多五穀。多薯芋、脂麻、糖蔗。多通草、槐藍、菜子、水藤。槐藍色嬌艷，珍於吳越；糖、菜子、脂麻、水藤，入內地者尤多。

內地歲皆兩熟，以三春多雨、地氣暖，種早播；故六月而穫，及秋再播也。此地（台灣）雖暖，春時雨澤稀，早種難播，故稻僅一稔（收）。南路（南部）下淡水陂田，有於十月下種，十一月挿秧，三、四月而獲者，稻兩熟。穀種類之多，倍於內地。其佳者如過山香、禾秫，則內地未有。

南嵌以上，冬春多雨，播種於二三月，稔（收）於六七月，略如內地之夏熟。百日早，五月間即熟，但不多有。不挿秧，以種灑地，即望其穫。唯不宜於豆；間有種者，皆華而不實。

相傳崇爻、黑沙晃諸山深處，松、杉、橘、柚、楊梅諸果並如內地。初冬山梅遍開，香聞數十里。

北路（北部）之產，有台、鳳所無者。如水沙連（今南投縣東部山地）之茶，竹塹（新竹）、岸裏之筀竹筍，淡水（指淡水廳）之甲魚（香魚），皆其美者也。大松樹生水沙連（埔里附近山地），合抱成林。

水沙連內山茶甚夥，味別色綠如松蘿。松大者深山自老，不可致。

多喬木，材者寡，唯楠差勝。

茄藤（水筆仔），叢生海泊泥中；內地以障海岸。

多莿桐，多土枏，多猴栗、九荊，無茬桐，油取於蓏、於菜子，於落花生。

竹類多且蕃，莿竹尤多，遍於莊社。楮（鹿嗜吃之草）亦廣有，台所謂鹿子草也。

果多樣（檬果）、多龍眼，多椰、荊蕉、黃梨、檳榔。龍眼味埒內地。西瓜熟於十二月，取充貢。

無茘枝樹，無栗，無梨，無柿。土產柑、橘、柚，味酸。諸果熟時，俱泛海而至，充牣（滿）於市。

花多樹蘭，多赬桐、素馨、月下香、番蝴蝶。素馨野發。赬桐原溼籬落，無處不有，終歲爛然；遙望如內地之映山紅，時時皆春，時時皆

●南投縣境山區茶園遍佈。

龍船簫鼓也（赬桐一名龍船花）。

百花應時而開，亦有一年長開者：如石榴、長春、佛桑諸花，漳、泉皆然。番蝴蝶、月下香、赬桐等花四時俱開，台所僅見。若荷花，直開度臘；玉蘭七、八月再花，則更奇矣。玉蘭多移根於木筆，此地有玉蘭，無木筆。

水沙連浮田，架竹木藉草而殖五穀（詳見「古蹟」）。不知者以爲誕也。王瓜、苦瓜、匏蔬之屬，內地產於春夏，此地隆冬皆有之。

台產有移入自內地者，果之番檨，番薯之文來，花之番茉莉、番瑞香、番蝴蝶。薯以濟荒，功用最大；檨佳品，諸花亦爽秀可愛。

由前節所述，可知清初台灣各地之植物，無論是森林、樹木、竹林、花草等，都十分繁茂，其中大多數是土產的，只有一部分是外來的，例如番檨、荔枝、鳳梨（黃梨）、香果、梨、柿、香薯、番茉莉、番瑞香、番蝴蝶，台灣先民不但詳細敘述各種樹木、花草之分佈和生長之情形，而且還和內地（漳、泉）之植物互相比較，寫出其異同點，值得今人研究。後來之《台海使槎錄》、《重修台灣府志》、《續修台灣府志》、王必昌修《台灣縣志》、陳文述修《台灣縣志》連橫之《台灣通史》等，對清代植物之種類、生態和分佈情形，記載得更詳細，這裡不再一一說明。

乾隆元年（西元一七四一年），黃叔璥在《台海使槎錄》卷四〈雜著〉中對台灣當時植物之繁茂以及作物之適宜生長，曾經加以描述說：

楠、榕、杉、樟、桑、柏、槐、柳，莫不枝覆層岡，幹依連麓，舒目而望之，青茅、白葦、紫菜、蒼蘆，鬱材深林，叢如列嶂，……，至如檨柚之茂葉翳日，檳榔之修幹參雲，蕉擅綠天，荔垂朱實，山則不童，地鮮不毛，土之良也。噴壚斥鹵，五穀是滋，以稼則蕃，以種則碩，水耕火耨，不營而足，上地可七，下地可二，宜秫宜稻，宜菽宜稷、禾秫、赤秫，早占、晚占、秬黍、蘆黍、紅私、白私，豆分黃綠，麥則大小莫不纍纍淋淋，顆顆的的，甌窶滿篝，汙邪滿車，黃雲紅玉，相積陳陳。

黃叔璥在《台海使槎錄》卷四〈雜著〉中還

●現今最迫切的乃落實環境保護政策，維護生態。（劉還月／攝影）

談到他在台灣發現內地所無的花果有二十餘種，文曰：

> 余巡歷所至，見台地花果有內地所無者，命工繪圖，得二十餘種，余爲考其種類，辨其色味，以識之。或曰，此可作埤雅、爾雅翼外紀，則吾豈敢。

可見清初，台灣生長的樹木花果和內地不盡相同。後來移民日增，自內地移來的植物也就增加不少。

三／結語

由本文之敍述，可知台灣最初原是山地森林密佈，平原樹海連綿，草原莽莽之地。到了明末清初，台灣先民大量地從閩粵來台開拓墾殖以後，平地上的草原遂逐漸消失，樹木也逐漸被砍伐殆盡，山地中的森林也逐漸減少。所以民國九年，連橫在《台灣通史》卷二十五〈虞衡志〉中就曾經說：「百數十年來，林政不修，斧斤濫伐，郊鄙之地，芟夷盡矣！」近數十年來，平地到處闢爲工業區，造成嚴重的環境污染；山地地區亦經長期不斷地開礦，闢造產業道路，濫墾林地，種植經濟作物和水果，建築房屋，破壞水土保持，破壞生態環境，森林分佈面積大減，減少了森林吸收涵蓄雨水的功能，也使得二十五種植物瀕臨滅絕之命運。政府應火速正視這個問題的嚴重性，全體國民亦應火速實行環境保護政策，以免生態環境之破壞更加嚴重。

參考書目

一、《台灣府志》，清康熙三十三年（一六九四年）高拱乾撰，共十卷。
二、《重修台灣府志》，清康熙五十一年（西元一七一二年）周元文撰，共二十七卷。
三、《重修台灣府志》，清乾隆六年（一七四一年）劉良璧撰，共二十卷。
四、《續修台灣府志》，清乾隆十二年（一七四七年）范咸修，共二十五卷。
五、《續修台灣府志》，清乾隆三十九年（一七七四年）余文儀主修，共二十六卷。
六、《台灣縣志》，清康熙六十年（一七二一年）王禮輯修，共十卷。
七、《重修台灣縣志》，清高宗乾隆十七年（一七五二年）王必昌修，共十五卷
八、《重修台灣縣志》，清仁宗嘉慶十二年（一八〇七年）謝金鑾修，共八卷
九、《香祖筆記》，清聖祖康熙四十四年（一七〇五年）王士禎撰，共十二卷。
十、《鳳山縣志》，清康熙五十八年（西元一七一九年）李丕煜撰，共十二卷。
十一、《重修鳳山縣志》，清乾隆二十九年（西元一七六四年），王英（瑛）曾撰，共十二卷。

十二、《諸羅縣志》，清聖祖康熙五十六年（一七一七年），周鍾瑄修，陳夢林、李欽文撰，共十二卷。

十三、《彰化縣志》，清高宗乾隆五十三年（一七八八年）周璽撰，共十二卷。

十四、《噶瑪蘭志略》，清宣宗道光十七年（一八三七年）柯培元撰，共十四卷。

十五、《噶瑪蘭廳志》，清宣宗道光十九年（一八三九年）陳淑均撰，共八卷。

十六、《淡水廳志》，清穆宗同治九年（一八七〇年），陳培桂撰，共八卷。

十七、《鳳山採訪冊》，清德宗光緒年間，鳳山盧德嘉（祥）撰，共八卷。

十八、《台灣采訪冊》，清宣宗道光十年（一八三〇年）林棲鳳、陳國瑛、石川流等編，共八十一條。

十九、《採硫日記》，清康熙三十七年（一六九八年）郁永河撰，共三卷。

二十、《裨海記遊》，康熙三十七年（一六九八年）郁永河撰，共三卷。

廿一、《巴達維亞城日記》，日本昭和十二年至十五年村上直次郎註，民國五十九年郭輝譯，此書取一六四四年十二月——一六四五年十二月荷人在台灣之事蹟部分轉譯。

廿二、《台海使槎錄》，清高宗乾隆元年（一七三六年），黃叔璥撰，共六卷，包括赤嵌筆談四卷，番俗六考一卷，番俗雜記一卷。

廿三、《小琉球漫志》，清乾隆二十八年（一七六三年）朱仕价撰，共十卷，分六編：曰泛海起程，曰海東紀勝，曰瀛厓漁唱，曰海東賸語，曰海東月令，曰下淡水寄語。

廿四、《台灣志略》，清宣宗道光十五年（西元一八三五年）李元春撰，共二卷。

廿五、《台陽見聞錄》，清光緒十七年（西元一八九一年）唐贊袞撰，共二卷。

二十六、《台灣雜記》，清康熙二十年左右（一六八一年）季麒光撰，僅一卷。

廿七、《澎湖台灣紀略》，清代杜臻撰，僅一卷。

廿八、《福建通志》，清穆宗同治七年（一八六八年），陳壽祺撰，共二七八卷。

廿九、《廈門志》，清宣宗道光十二年（一八三二年），周凱纂修，共十六卷。

三十、《風颱說》，清聖祖康熙二十四年（一六八五年）季麒光撰，僅一卷。

卅一、《澎湖記略》，清高宗乾隆二十四年（一七五九年）胡建偉撰，共十二卷。

卅二、《台灣通志》，清光緒初年陳文騄、《蔣師轍撰，全書分篇不分卷。

卅三、《台陽筆記》，清仁宗嘉慶十六年（一八一一年）翟灝撰，僅一卷。

卅四、《台灣通史》，民國九年連橫撰，共三十六卷。

卅五、《雅言》，民國二十二年連橫撰，共二四七則。

卅六、《清代官修台灣方志彙集》，台灣方志彙刊卷十苗栗縣誌。

卅七、《台灣動物史話》，劉峯松撰，民國七十三年敦理出版社出版，台灣文藝叢書之一。

卅八、《台灣土地傳》，劉還月著，民國七十八年臺原出版社出版，協和台灣叢刊第一冊。

卅九、《台灣風土傳奇》，黃文博著，民國七十八年臺原出版社出版，協和台灣叢刊第二冊。

四十、《台灣原住民族的祭禮》，明立國著，民國七十九年臺原出版社出版，協和台灣叢刊第五冊。

四十一、《台灣採金七百年》，唐羽著，民國七十二年綿綿文教基金會出版。

它不是魚，
卻是一副萬能釣具！

●有心從事採訪工作、田野調查、認識台灣的朋友，絕對不能錯過《台灣民俗田野手冊》（兩卷）！

《台灣民俗田野手冊》〈行動導引卷〉劉還月著　定價 185
《台灣民俗田野手冊》〈現場參與卷〉黃文博著　定價 185
郵購單冊九折優待，兩本合購一般讀者只需 314 元，
協和及臺原之友只需 290 元，（均請另加 20 元郵資）

重新爲
台灣文化測標高！

臺原出版叢書目錄

國立中央圖書館出版品預行編目資料

臺灣先民看臺灣／劉昭民著.--第一版.--臺
北市：臺原出版：吳氏總經銷, 民81
面；　　公分.--(協和臺灣叢刊：24)
參考書目：面
ISBN 957-9261-22-9 (平裝)

1.臺灣—雜錄

673.28　　80003961

●協和台灣叢刊24●

台灣先民看台灣

著者／劉昭民
校　對／劉昭民・范蓉芳・鄭敦仁
發 行 人／林經甫
總 編 輯／劉還月
執行編輯／吳瑞琴
編　輯／陳嫣紅
美術編輯／王佳莉
出版發行／協和藝術文化基金會
臺原出版社
地　址／台北市松江路85巷5號（協和醫院地下室）
電　話／（02）5072222
郵政劃撥／1264701～8
出版登記／局版台業字第四三五六號
法律顧問／許森貴律師
地　址／台北市長安西路246號4樓
印　刷／松霖彩色印刷事業有限公司
電　話／（02）2405000
總 經 銷／吳氏圖書公司
地　址／台北市和平西路一段150號2樓之4
電　話／（02）3034150
定　價／新台幣二二〇元
第一版第一刷／一九九二年（民八一）元月

ISBN 957-9261-22-9